구원의 계획

구원의 계획

저자
벤자민 B. 워필드

역자
모수환

● 본서는 BENJAMIN B. WARFIELD의 *The Plan of Salvation*(Grand Rapids, MI.: Eerdmans Publ. Co., 1977)을 완역하고, **CALVINISM in *CALVIN AND AUGUSTINE***(Philadephia, PA: The Presbyterian and Reformed Publ. Co., 1980)을 번역하여 부록으로 첨부하였다.

차례

구원의 계획

제 1 장	개념의 차이	9
	작정의 순서(도표)	27
제 2 장	자력 구원설(Autosoterism)	29
제 3 장	사제주의(Sacerdotalism)	55
제 4 장	보편 구원론(Universalism)	75
제 5 장	칼빈주의	95

부록 : 칼빈주의 정의(定義)   *115*

구원의 계획

1
개념의 차이

연속되는 강의에서 우리가 주목하고자 하는 주제는 일상적으로 말하자면 "구원의 계획"이요, 보다 전문적으로 표현하자면 "작정의 순서"다. 그리고 이 전문적인 표현은 주제의 범위를 보다 정확하게 한정시켜 준다는 의미에서 일상적인 표현보다는 유리한 점이 있다. 이 전문적인 표현은 대체로 구원의 과정 그 자체에 국한되지 않고, 하나님이 인간을 다루시는 데 있어서 인간의 구원으로 끝맺는 하나님의 사역의 전 과정을 전반적으로 포함하게 된다. 창조는 흔히 여기에 포함되며, 물론 타락과 타락으로 말미암아 초래된 인간의 상태도 역시 포함된다.

그러나 이 주제의 상당 부분은 이 주제의 현실적인 국면보다는 분명히 어떤 전제된 특성으로 여겨질 수 있다. 따라서 우리가 주제에 대한 보다 일반적인 표현을 따를지라도 크게 손해를 보지는 않을 것이다. 그리고 주제에 대한 표현을 보다 구체화하는 것은 결코 작다고 할 수 없는 유익을 그 주제에 끼칠 것이다. 그렇게 되면 무엇보다도 주요 쟁점인 구원 문제에 집중할 수 있다는 장점을 가지게 된다. 즉, 우리가 사고하게 될 하나님의 일련의 사역들은 어떤 경우든 이들의 핵심을 중심으로 전개된다고 믿게 되며, 또 죄인의 구원이라는 아주 가까운 목표를 중심으로 존재한다는 생각을 하게 된다. 이러한 관계들을 공정하게 생각해 볼 때, "구원의 계획"이라는 말로써 전체 주제를 명명하는 데 그다지 많은 논증이 필요하지 않을 듯싶다.

여기서 하나님이 당신의 구원 사역에 있어서 계획을 세우시는가 하는 앞의 문제에 대한 토론을 중지할 필요는 없다. 하나님이 자신의 모든 사역에 있어서 계획을 세우신다는 것은 유신론의 입장에서는 이미 기정 사실화된 것이다. 인격적인 하나님의 사역이라는 사실에 이르게 되면 이러한 문제는 종결된다. 왜냐하면 인격은 목적을 의미하기 때문이다. 정확히 말해서, 인격과 물체를 구분할 수 있는 것은 그 행동의 양식이 목적을 가지는 것이며, 그 모든 행동이 종말을 향하며 선택된 수단을 통해 그 종말로 진행한다는 사실이다.

그러므로 자연신론자들조차도 하나님께서 계획을 세우신다는 사실을 인정해야 한다. 의심할 여지 없이 우리는 극단적인 자연신론(Deism)의 형태를 생각해 볼 수 있다. 극단적인 자연신론자들은 주장하기를, 하나님은 우주에서 일어나는 일에는 전혀 관계하지 않는다고 한다. 즉, 하나님은 우주를 창조하신 후에 우주로부터 벗어나서, 우주에 어떠한 사고를 부여하지 않고도, 발생할 어느 목적을 향해 우주 스스로 자신의 궤도를 달릴 수 있도록 하였다는 것이다. 그러나 말할 필요도 없이, 이러한 극단적인 자연신론의 형태는 실제로 존재하지 않는다. 우리가 앞으로 연구하게 될 때, 비록 인간 구원이라는 구체적인 문제에 있어서 하나님은 이와같이 무책임한 방식을 따라 역사한다고 생각하는, 말하기 거북스러운 사람들이 있기는 하지만 말이다.

실제 자연신론자가 내세우는 것은 법칙이다. 자연신론자는 하나님이 당신의 우주를 위탁하시되 예견할 수 없고 예비되지 않은 변화에 위탁한 것이 아니라 법칙에 위탁한 것이라고 생각한다. 그리고 이 법칙은 하나님이 당신의 우주에 새겨 둔 법칙이며, 이 법칙의 인도에 하나님은 당신의 우주를 안전하게 맡겨 두실 수 있다는 것이다. 말하자면, 자연신론자들조차도 하나님은 우주 안에서 발생하는 모든 일들을 포괄하는 일종의 계획을 세우신다고 생각하고 있는 것이다.
 자연신론자는 단지 하나님이 어떤 행동 양식으로 이 계획을 수행하느냐 하는 문제에 관해서만 유신론자와 다르다. 자연신론은 기계적인 우주관을 수반한다. 즉, 하나님이 하나의 기계를 만드셨는데, 그 기계가 단지 좋은 기계라는 이유만으로, 하나님은 그 기계의 목적이 아니라 하나님의 목적을 수행하도록 내버려 두실 수 있다는 것이다. 이처럼 우리는 하나의 시계를 만들 수 있다. 그리고 그것이 좋은 시계라는 이유만으로 그 시계 스스로 초를 똑딱거리게 놔두고 분을 지적하게 하며 시를 알리게 하며 날짜를 표시하며 달과 계절이 나오도록 하자. 우리가 설정만 한다면 혜성을 삽입하여 다이얼에 나오도록 할 수도 있다. 그러나 그것은 무턱대고 가능한 것이 아니라 다만 그 시계의 수명의 한도 내에서만 가능한 것이며, 우리가 설정한 시간과 장소와 방법에 따라 나타나는 것이다. 시계는 자기 스스로의 길을 가는 것이 아니라 우리의 길, 즉 우리가 설정한 그 길을 가는 것이다. 그리고 하나님의 시계인 우주도 자기의 길을 가는 것이 아니라, 하나님이 정하신 대로 기계적인 정확성을 가지고 피할 수 없는 사건들을 엮어 내면서 그의 길을 가는 것이다.
 이것이 하나의 위대한 개념, 곧 자연신론자의 법칙의 개념이다. 이 개념은 우리를 우연으로부터 건져 준다. 그러나 이 개념은 우리를 하나의 기계의 톱니바퀴 안으로 던져 버릴 뿐이다. 그러므로 자연신론 개념은 가장 위대한 개념은 아니다. 가장 위대한 개념은 유신론 개념이다. 이 개념은 우리를 법칙으로부터 건져 내어 인격자의 직접적인 손 안에 둔다. 목적 없는 우연의 무질서한 영역으로부터 구출된다는 것은 하나의 위대한 사건이다. 운명의 여신 타이케(Tyche)는 고대 세계에서 운명과 구분할 수 없을 만큼 가장 무서운 신들 중 하나였다. 지성 있는 목적의 지배하에 있다는 것은 위대한 일이다. 그러나 그 목적이 단순한 법칙에 의해 자동적으로 이루어지는가, 아니면 인격자 자신의 영원한 인격적인 지배에 의해 이루어지는가는 전혀 다른 것이다. 모든 행동이 지성 있는 목적에 의해 다스려지며, 하나의 종말을 향하는 인격자의 지배보다 더 나은 좌표는 아무 것도 없다.

우리가 인격적인 하나님을 믿는다면, 그리고 더욱더 유신론자들인 우리들이 이 인격적인 하나님이 당신이 만드신 세상을 직접 지배하신다고 믿는다면, 우리는 하나님의 모든 사역의 기초를 이루는 하나의 계획을 믿어야만 하며, 그러므로 또한 구원의 계획도 믿어야만 한다. 여기서 제기될 수 있는 유일한 문제는 이 계획의 실재가 아니라 성질이다. 그렇지만 하나님의 계획의 성질에 대해서 수많은 다양한 견해들이 주장되어 왔다는 사실을 우리는 인정해야만 한다. 참으로 아주 훌륭한 그럴 듯한 견해들이 시대시대마다 발표되어 왔다. 우리가 기독교 범주 밖에 있는 견해들을 제쳐둔다 할지라도, 우리는 이러한 말을 거의 고칠 필요가 없다. 교회를 통해 분리의 선이 그어졌고, 분파가 분파에 대항하여 생겼고, 다른 신앙의 형태들이 발전되어 다른 체계의 종교에까지 이르렀고, 이들이 일치하는 것이라고는 단지 그들 모두가 주장하는 그리스도인이라는 공통된 이름에 지나지 않았다.

본 강의에서 나의 목적은 교회 안의 큰 분파들이 지금까지 주장하여 온 이러한 다양한 견해들을 간략한 개관으로 우리 앞에 소개하고, 이것들의 범주와 관계들을 구성하고 있는 개념을 소개하는 것이다. 이러한 나의 목적은 최소한 우선적으로 이 견해들을 구분하는 중요한 차이점들을 고찰함으로써 가장 용이하게 이루어질 수 있을 것이다. 나는 의미의 순서에 따라 그 견해들을 나열할 것인데, 그 의미는 근원적이지 못한 부류의 사람들에 대해 그리스도인들을 구분해 주는 매우 심오하면서도 원대한 차이점에서 시작되는 의미다.

1. 구원의 계획이라는 개념에 있어서, 스스로 그리스도인이라고 부르는 사람들을 구분할 수 있는 가장 깊은 틈은 우리가 자연주의적 견해와 초자연주의적 견해를 구분하는 바로 그것이다. 여기서 구분하는 선은, 인간의 구원이라는 문제에 있어서 하나님께서 단지 인간들을 방치하여 다소 완전하게 자신들을 스스로 구원하도록 계획하셨는가, 아니면 하나님 자신이 개입해서 그들을 구원하기로 계획하셨는가 하는 점이다. 자연주의자와 초자연주의자간의 쟁점은 이와같

이 아주 단순하지만, 아주 절대적인 문제다. 다시 말해서, 인간이 스스로 구원받느냐, 아니면 하나님이 그를 구원하시느냐 하는 문제다.

교리사에서 철저하게 자연주의적인 구원 계획은 펠라기우스주의(Pelagianism)로 알려진다. 순수한 펠라기우스주의는, 인간을 구원하는 데 행사되는 모든 능력은 본래부터 인간 자신에게 주어진 것이라고 주장한다. 그러나 펠라기우스주의는 단순히 지나간 역사의 문제가 아니며, 이것은 언제나 순수한 모습으로 나타나지 않는다. 세상 재물에 있어서 가난한 사람이 항상 우리와 함께 있어 왔듯이, 영적인 문제에 있어서 가난한 사람도 역시 우리와 항상 함께 있는 것이다. 교회사에 있어서 구원의 과정에 대한 자연주의적인 개념이 지금보다 더 널리 퍼지고 철저한 때는 결코 없었다고 생각된다.

완전한 자연주의 내에서 펠라기우스 자신을 비펠라기우스화하는 하나의 펠라기우스주의는 사실상 스스로 기독교 사상의 지도자라고 자처하는 사람들 가운데서 지금 상당히 유행하고 있다. 그리고 어디에서나, 모든 종교 단체에서도 유사하게, 최소한 인간의 본래적인 능력을 사용함으로써 영혼을 구원하는 결정적인 역할을 인간에게 돌리는 개념들이 현존하고 있다. 말하자면, 이러한 개념들은, 인간은 반드시 구원되도록 하나님이 계획하셨다고 하면서, 인간들은 결정적인 순간에 어떻게 해서든 자신을 구원한다고 가정한다.

소위 이러한 중립적인 견해들은 원칙적으로 분명히 자연주의적 견해이다. 왜냐하면 (구원의 상황들에 있어서 하나님이 담당하신다는 사실을 이들이 어느 부분에서 인정하든지간에) 이들은 구원 그 자체의 결정적인 시점에 이르면 인간을 자신의 본래적인 능력으로 복귀시킨다. 이렇게 하는 가운데 이들은 구원의 계획에 대한 초자연주의적 견해로부터 자신들을 정확하게 분리시키며, 그와 함께 조직된 전체 교회의 통일된 증거로부터 역시 자신들을 분리시킨다. 자연주의적인 견해들이 교회의 총원 안에 아무리 많이 침투했다 하더라도, 조직된 전체 교회-그리스 정교회, 로마 가톨릭 교회, 그리고 역사적으로 큰 부류를 형성한 개신교, 곧 루터 교회와 개혁 교회, 칼빈주의와 알미니우스주의-는 구원의 초자연적인 개념에 대해서 일치하면서도 확고한 그리고 강경한 증거를 견지

(堅持)하고 있는 것이다. 우리가 기독교 세계의 주변, 곧 말하자면 기독교의 몸 안에 모호하게나마 존재하는 분파들(예를 들어, 유니테리안)을 여행하여 보면, 오로지 초자연주의적인 고백을 하는 조직된 그리스도인들의 공통된 몸을 발견할 수 있다.

자연주의에 정반대되는 이 고백은, 영혼을 구원하시는 이는 주 하나님이시요 인간이 아니라는 사실을 강조하여 선언한다. 그리고 실수 없이 완벽한 주장으로부터 물러서지 아니하고, 문제에 대한 충분한 이해를 가지고 정확하게, 영혼을 구원하는 데 발휘되는 모든 능력은 하나님으로부터 나온다고 단언한다. 그러므로 여기에서 우리는 두 분파를 칼날로 분명하게 분리할 수 있다. 초자연주의자는, 영혼을 구원하는 데 행사되는 능력의 일부나 대부분이 하나님으로부터 나온다고 말하는 것으로 만족하지 않는다. 반대로 영혼을 구원하는 데 행사되는 모든 능력이 하나님으로부터 나온다고 단언한다. 즉, 구원하는 과정에 있어서 인간이 어떠한 부분을 담당하든지간에 그것은 부차적인 것이며, 하나님의 역사의 결과이며, 따라서 영혼을 구원하는 이는 하나님, 오로지 하나님뿐이라는 것이다. 이러한 면에서 초자연주의자는, 이를 공식적으로 증거하는 모든 영역 안에 있는 조직된 전체 교회다.

2. 의심할 여지 없이 초자연주의자들 사이에도 견해차가 있다. 그리고 그 차이점들은 크고 중요한 차이점들이다. 이들 중 가장 뚜렷하게 분리되는 것은 사제주의자들과 복음주의자들이다. 사제주의자들과 복음주의자들은 모두 초자연주의자들이다. 말하자면, 이들은 영혼을 구원하는 데 행사되는 모든 능력이 하나님으로부터 나온다는 사실에 일치한다. 그러나 구원을 가져다 주는 하나님의 능력이 어떤 방법으로 영혼에게 미치게 되는지 그 방법에 관한 개념에 있어서 다르다. 이들 사이에 정확한 차이점은, 자신의 능력만으로 구원을 이루시는 하나님은 과연 인간들을 개개인으로서 당신이 직접 다루심으로써 구원하시는가, 아니면 인간이 구원받을 수 있는 방법으로 세상에 초자연적인 도구를 세우심으로써 구원하시는가 하는 문제에 달려 있다. 여기서의 쟁점은 하나님의 구원 사

역의 직접성과 관계된다. 즉, 하나님은 영혼들에게 직접 당신의 은혜를 베푸심으로써 인간들을 구원하시는가, 아니면 구원의 목적을 위해 세운 도구의 중재를 통해서 단지 인간들에게 역사하시는가?

사제주의의 전형적인 형태는 로마 교회의 가르침에 의해 공급된다. 로마 교회에서는 가르치기를, 교회는 구원의 도구이며, 오직 교회를 통해서만이 구원이 인간들에게 전달된다고 한다. 교회와 교회의 의식 밖에는 구원이 없다고 생각한다. 그리고 은혜는 교회의 직무에 의해서, 그리고 교회의 직무를 통해서 전달되며, 그 외의 방법으로는 전달되지 않는다. 그러므로 두 원리가 여기서 역설된다. 즉, 교회가 있는 곳에 성령이 계신다는 사실과, 교회 밖에는 구원이 없다는 사실이다. 그런데 이 사제주의의 원리는 구원의 은혜를 영혼에게 전달하는 그 도구를 구원에 절대 필요한 것으로 여기는 어느 곳에나 존재한다. 이 원리는 도구의 필요성을 절대적인 것으로 여기는 어디에서나 지배적이다. 따라서 은혜의 방편으로 요구되는 것은 구원의 "필수적인 방편"으로 제시되며, 엄격한 의미에서 방편이 없이는 구원도 없으며, 방편은 구원의 실제적인 출처가 된다.

이러한 전반적인 견해를 물리치고, 복음주의는 오직 철저한 초자연주의라고 생각되는 것을 보존하려고 애쓰면서, 영혼과 하나님 사이에 있는 모든 중재적인 요소를 일소하고, 구원을 위해 영혼으로 하여금 오로지 하나님께만 의존하게 하여, 하나님이 당신의 직접적인 은혜로써 역사하시게 한다. 복음주의자가 은혜를 기다리는 것은 은혜의 방편이 아니라, 직접적으로 하나님께 대해서다. 그러므로 성령이 역사하실 수 있을 뿐만 아니라, 성령이 원하시는 장소와 시간과 방법에 있어서 실제로 유효하다고 그는 선포한다. 복음주의자는 교회와 그 의식을, 구원을 이루는 데 있어서 성령을 고용한 대리인으로서보다도 성령이 사용하시는 도구로 생각한다. 철저한 사제주의의 원리들에 정면으로 반대하는 가운데 복음주의자가 삼는 표어는, 성령이 계신 곳에 교회가 있고, 성도들의 몸 밖에는 구원이 없다는 것이다.

이렇게 복음주의를 설명하다 보니, 우리가 또한 개신교를 설명하고 있다는 주목을 피하지 못할 것이다. 실제는, 고백하는 개신교의 온 몸은 구원의 계획의 관점에서 복음적이며, 여기에는 루터 교회와 개혁 교회, 칼빈주의와 알미니우스주의 분파들이 같이 포함된다. 따라서 개신교와 복음주의는 비록 정확하게 같은 명칭은 아닐지라도 연장선상에 있다. 조직된 모든 기독교가 순수한 초자연주의를 분명하고도 강경하게 고백하고 있는 것처럼, 마찬가지로 조직된 모든 개신교가 똑같은 목소리로 분명하고도 강경하게 복음주의를 고백하고 있는 것이다. 따라서 복음주의는 구원의 계획에 관한 개신교의 독특한 개념으로 우리 앞에 나온다. 그리고 사제주의에 직접 반대하는 가운데 복음주의가 참으로 주로 구체화하려는 자연주의에 대한 보다 심각한 반박을 잊어버렸다는 것은 이상하지가 않다.

복음주의는 사제주의를 반대하는 가운데서도 그치지 않고 자연주의에 근본적으로 반대한다. 그리고 사제주의에 대한 항거의 주된 내용은 계속해서 자연주의에 근본적으로 반대하는 것이다. 또한 사제주의에 반대하는 가운데 복음주의는 오직 더욱 철저하게 초자연주의가 되어서, 영혼과 구원의 유일한 근원이신 하나님 사이에 있는 어떠한 중재적인 요소들도 인정하기를 거부한다. 그러므로 참된 복음주의는 분명하게 두 가지의 고백으로 들리는데, 그것은 영혼을 구원하는 데 있어서 행사되는 모든 능력이 하나님으로부터 나온다는 것과, 하나님은 당신의 구원 사역에 있어서 직접 영혼에게 역사하신다는 사실이다.

3. 한편, 복음주의자들 사이에서도 그들을 구분하는 견해차가 많고 광범위하다. 모든 복음주의자들은 구원에 행사되는 모든 능력이 하나님으로부터 나오고, 하나님은 당신의 구원 사역에 있어서 영혼에게 직접적으로 역사하신다는 사실에 대해 동의한다. 그러나 많은 자녀들을 영광 가운데로 인도하시는 데 있어서 하나님이 사용하시는 정확한 방법에 이르러서는 서로 상당한 견해 차이를 보인다. 일부 복음주의자들은 수정된 방법으로 근본적인 사제주의에 적용된 일련의 변화로써 자신들의 복음주의적인 입장을 세웠는데, 그 근본적인 사제주의가 그들의 길을 확정 지었다. 따라서 자연스럽게 이 기본적인 사제주의가 이들의 구조 안에 삽입된 채 남아 있게 되었고, 복음주의에 대한 이들의 전체적인

사고의 양상을 채색시키게 되었다.

한편, 근본적인 자연주의에 의해 개념들이 유사하게 채색된 다른 복음주의자들이 있다. 이들은 근본적인 자연주의로부터 같은 일련의 변화와 수정으로써 보다 나은 자신들의 고백을 형성하였다. 이러한 분파 중 전자는 복음주의적인 루터 교회로 대표된다. 따라서 복음주의적 루터 교회는 자신들이 보수적인 개혁의 옹호자라고 말하기를 기뻐한다. 말하자면, 그들은 항상 완전하지는 않지만 아마도 고통스럽게 자신들이 빠져 나왔던 로마 교회의 사제주의에 입각하여 복음주의를 이루었다고 주장하는 것이다.

다른 분파는, 복음주의적인 알미니우스주의자들로 대표된다. 이들이 내세우는 복음주의는 화란 항변파(Remonstrants)의 근간을 이루는 반(半)펠라기우스주의의 복음적인 느낌을 위해 수정한 것이다. 이러한 모든 형태의 복음주의를 물리치는 또 다른 복음주의자들이 여전히 존재한다. 이들이 주장하는 복음주의는, 외부에서 침투해 들어온 요소들에 의해 채색되지 않은, 복음주의적인 근본 원리를 보다 순수하게 표현한 것이다.

이러한 다양한 형태 가운데서, 복음주의가 분명한 경계선을 그음으로써 우리에게 주요 형태들을 구별할 수 있도록 해줄 수 있는 분류의 원칙을 세운다는 것은 쉽지 않다. 하지만 구원의 계획에 관하여 우리가 칭하는 보편 구원론적인 개념과 제한 구원론적인 개념 사이에서 나타나는 대립을 통해 그러한 원리를 제공받을 수 있을 듯하다. 모든 복음주의자들은 영혼을 구원함에 있어서 발휘되는 모든 능력이 하나님으로부터 나오며, 이 구원하는 능력이 영혼에게 직접적으로 베풀어진다는 데 동의한다. 그러나 하나님이 이 구원하는 능력을 동등하게 또는 최소한 차별 없이 모든 사람들에게 – 실제로 그들이 구원받든 구원받지 못하든간에 – 베푸시느냐, 아니면 단지 제한된 사람들에게만, 말하자면 실제로 구원받는 사람들에게만 그 능력을 베푸시는가 하는 문제에 대해서 이들은 서로 다른 입장을 표명한다.

여기서 구분점은, 하나님이 당신의 전능하시고 반드시 효력 있는 은혜로써 인간들을 구원하시기로 실제로 작정하셨다고 생각되는가, 아니면 실제로 구원에 대한 보장이 없이 그들이 구원받도록 단지 당신의 은혜를 인간들에게 부어주셔서 제한적으로만 그들이 구원받도록 작정하셨는가 하는 문제다.

내가 보편 구원론적이라고 표현한 자들의 명백한 논점은 바로 이것이다. 즉, 영혼을 구원함에 있어서 발휘되는 모든 능력은 하나님으로부터 나오고, 이 능력은 직접적으로 하나님으로부터 영혼에게 행사되지만, 인간의 구원을 바라시면서 하나님이 모든 인간을 위해 그리고 그들에게 베푸시는 모든 사역에는 차별이 없다는 것이다. 표면상 이것은 틀림없이 보편 구원의 교리로 귀착되는 듯이 보인다. 영혼을 구원하시는 이가 주 하나님이시고 인간 자신이 아니라면, 그리고 주 하나님께서 당신의 구원의 은혜 안에서 영혼에 직접 역사하심으로써 그 영혼을 구원하신다면, 그리고 또한 주 하나님께서 당신의 구원의 은혜 가운데서 모든 영혼들에게 똑같이 역사하신다면, 분명히 불가피하게 따를 수밖에 없는 결과는 모든 사람이 구원받게 된다는 사실이 될 것이다. 이에 따라 정확히 모든 사람들이 구원받는다는 이러한 근거 위에서 강하게 논증한 가장 열정적인 복음주의자들이 때때로 나타났다. 이들은 나타나서, 구원은 온전히 하나님으로부터 말미암으며, 하나님은 전능하시며, 그리고 하나님은 당신의 전능하신 은혜로써 모든 인간들 안에서 구원을 행하시므로 모든 사람들이 구원받는다고 증거하였다.

그러나 대다수의 복음주의적 보편 구원론자들은, 실제에 있어서 모든 사람들이 구원받는 것은 아니라고 하는 명백하고도 강경한 성경의 선포에 의해 강요를 받아, 이 철저한 보편 구원론으로부터 언제나 물러났다. 그러므로 이들은 커다란 문제에 봉착해 있다는 것을 스스로 깨닫게 되었다. 따라서 이들은 구원을 기대하는 하나님의 사역들을 보편적이면서도 그럼에도 불구하고 제한적인 논점으로 해석하기 위해 여러 가지 다양한 노력들을 하였다. 그러는 동안 이들은 영혼을 구원하는 것은 하나님의 은혜뿐이라는 복음주의의 근본적인 원리를 보존하려 했다. 이러한 노력들은 특히 복음주의적인 루터주의와 복음주의적인 알미니우스주의라는 두 주의를 우리 앞에 나타나게 하였다. 이 두 주의의 특징적인 논점은 모든 구원은 오직 하나님의 주권 안에 있으며, 구원하기를 원하시는 하나님의 모든 사역은 모든 사람에게 차별 없이 베풀어지지만, 모든 사람이 구원받는 것이 아니라 오직 일부만이 구원받는다는 것이다.

이와 같은 일관성 없는 보편 구원론을 물리치고 다른 복음주의자들은 주장하기를, 구원의 과정 문제에 관련되는 제한 구원론은, 구원하시는 이가 하나님 오직 하나님 한 분뿐이기 때문에 하나님의 구원 계획의 과정 그 자체에 속하는 것이라고 한다. 이들의 공통된 복음주의를 위해서, 또한 모든 그리스도인들에게 공통된 근본적인 초자연주의를 위해서(제한 구원론이 아니라면 복음주의든 초자연주의든 이들의 권리가 되지 못했을 것이다) ― 아니 종교 그 자체를 위해서 ― 이들은 하나님은 구원의 전 과정을 통하여 집단으로서의 인간을 다루지 않으시고, 일 대 일로 개개의 인간들을 다루시며, 당신의 은혜를 이들 각자에게 베푸시고, 또한 당신의 은혜로 말미암아 이들 각각을 구원으로 인도하신다고 주장한다. 인간들을 구원하시는 이가 하나님이시며, 하나님은 인간들의 마음에 직접적으로 역사하심으로써 그들을 구원하시고, 또한 당신의 구원의 은혜는 반드시 구원이라는 결과를 초래하는 전능하신 능력이므로, 인간들은 각각 그리고 모두의 경우에 자신이 구원받은 영광을 단지 보편적인 구원의 기회에 돌릴 것이 아니라 하나님께 돌려야 하는 것이다.

따라서 이 복음주의자들은, "오직 하나님께 영광을"(Soli Deo gloria)이라는 올바른 복음주의적인 찬미가 실현되고, 그것이 의미에서나 능력에 있어서 축소되지 않도록 하기 위해서는 반드시 이해되어야 하는 사실이 있다고 한다. 그것은 구원받은 각자가 구원에 들어가는 모든 것을 소유하게 됨은 하나님의 은혜이며, 무엇보다도 구원에 들어가는 자는 그 자신이라는 사실이다. 이에 따라 보편 구원론자들과 제한 구원론자들을 구분하는 논점은 바로 하나님의 구원의 은혜 안에 오직 구원이 있느냐, 실제로 그 은혜가 인간을 구원하느냐 하는 문제다. 하나님의 은혜의 실존이 구원을 의미하는가, 또는 구원이 가능한가, 아니면 구원이 없는가?

4. 그런데 심지어 제한주의자들(Particularists)까지도 견해 차이를 보인다.

이들은 중요한 견해 차이로 두 분파로 구분된다. 하나는, 하나님께서 모든 인간이 아니라 일부의 인간들만을, 말하자면 인간들을 구원하기 위한 하나님의 사역에 있어서 실제로 구원받는 사람들만을 예정하셨다고 주장하는 분파다. 그리고 다른 한 분파는, 이 문제에 있어서 하나님의 사역을 구분하려는 분파로서, 이들은 하나님의 모든 구원 사역들 중에 단지 얼마만을 제한 구원론적인 원리로 돌리고 나머지는 보편 구원론적인 범주로 돌린다. 물론 후자의 견해는, 구원을 하나님의 은혜에 충분히 붙들어 두고 실제적인 구원의 모든 영광을 하나님께 돌리기 위해, 구원의 원천뿐만 아니라 과정에 있어서도 제한 구원론을 보존하면서도, 아울러 제한 구원론과 보편 구원론 사이에서 양자를 조화시키려는 시도다. 이들은 보편 구원론자들이 주장하는 대로 구원의 과정의 대부분을 보편 구원론에 양보하면서도, 그 양보가 이 근본적인 제한 구원론과 모든 면에서 철저하게 일치할 수 있다고 생각한다.

이들이 보편 구원론에 양보하는 구원 사역들 중 특별한 것은 그리스도에 의한 죄인의 구속이다. 이들은 이것을 하나님의 예정 속에 있는 것이라고 생각하면서도 참으로 모든 인간들에 대한 절대적인 예정이 아니라 가정(假定)적인 범위 내에 있는 것이라고 한다. 모든 인간들은 그리스도에 의해 구속된다. 다만 그들이 그리스도를 믿기만 한다면.

그런데 그리스도를 믿는다는 것은 하나님, 곧 성령께서 인간의 마음 안에서 믿음의 역사를 일으키실 때 가능한 것이며, 이러한 성령의 사역은 그리스도의 구속을 효 있게 하기 위해 계획된 구원의 사역들이다. 그러므로 이 견해는 이 견해의 창시자의 이름이 담긴 아미랄드주의(Amyraldianism)로 알려질 뿐 아니라, 보다 설명조의 명칭인 가정적 구속론, 보다 일반적으로는 가정적 보편 구원론으로 알려진다. 이 견해는 전반적인 구원의 계획과 관련하여, 또한 그리스도의 구속 사역의 범주라는 보다 특정한 문제와 관련하여, 제한 구원론자와 보편 구원론자 사이를 구분하는 문제를 다시 옮겨 온다.

그러므로 정확한 논점은 그리스도의 구속 사역이 실제로 인간들을 구원하느냐, 아니면 단지 이들에게 구원의 가능성만을 열어 주느냐 하는 문제다. 가정적인 보편 구원론자들은 그리스도의 구속 사역이 모든 인간들에게 차별 없이 적용되지만 모든 사람들이 구원받는 것은 아니라고 주장하면서, 그리스도의 구원 사역을 구체적인 구속 사역으로 돌리지는 못한다. 그러므로 이들은 그리스도의 구속 사역이 모든 사람들에게 구원의 가능성을 마련해 준 것이며, 인간들에게 구원의 길을 열어 준 것이며, 인간들이 구원받는 데 방해가 되는 모든 장애물들을 제거해 준 것이며, 또는 그와 유사한 성격의 것이라고 습관적으로 늘 말한다. 반면, 철저한 제한 구원론자는 그리스도께서 이루신 구속을 실제로 구속하는 능력이 있는 것으로 여기며, 그리스도의 구속 사역은 그 자체적으로 실제로 구원하는 구원의 행위라고 주장하며, 그것은 예정된 자들의 구원을 보증하는 것이라고 한다.

이제 토론은 그리스도의 구속 사역의 성질에 대한 것으로 나타난다. 그리고 제한 구원론자들은 그리스도의 구속 사역에 광범위하게 덧붙여지는 무엇이든지 집중적으로 그리스도의 구속 사역으로부터 취해진다는 사실을 분명히 규명할 수 있다. 다시 말해서, 문제는 일반적인 보편 구원론자, 즉 루터 교회와 알미니우스주의와의 토론에서 제기된 문제와 동일한 것으로, 말하자면 하나님의 구원 사역이 실제로 인간을 구원하느냐 하는 문제다. 물론 이 문제가 여기서는 이러한 구원 사역들 중 단 하나에게만 집중된다. 만일 하나님의 구원 사역이 인간들을 실제로 구원한다고 하면, 단지 우리가 보편 구원론의 모든 제시를 따르지 않기로 준비되어 있으며 그리고 모든 사람들이 구원받는다고 선포하지 않는다는 조건 안에서, 하나님이 구원의 사역을 베푸시는 모든 사람들은 구원받게 될 것이며, 제한 구원론은 바로 이러한 성격 안에서 제시되는 것이다.

따라서 그리스도의 구속 사역의 본질은 초자연주의의 근본적인 전제, 곧 모든 조직된 기독교를 단순한 자연주의로부터 분리시키는 것으로서, 영혼을 구원함에 있어서 발휘되는 모든 능력이 하나님으로부터 말미암는다는 사실 ― 아울러 위대한 복음주의의 찬미인 오직 하나님께 영광 ― 을 증거하는 것이다. 이 진리는 또한, 그리스도의 구속의 범위는 실제로 구원받는 총회의 범위를 벗어나지 않으며, 틀림없이 오직 유일한 사역(그리스도의 구속 사역)으로 하나님은 자신이 구원하시고자 하는 사람들을 구원하시며 인간 스스로 구원하는 것이 아니라고 주장하는 사실이다.

그러므로 제한 구원론자들은 구원의 원천과 마찬가지로 구원의 과정에서도 제한주의를 주장할 뿐만 아니라, 구원의 모든 과정에 있어서도 똑같이 제한주의가 옹호되어야 한다고 주장한다. 구원하시는 이는 주 하나님이시다. 마찬가지로, 하나님은 구원을 베푸시는 모든 사역에 있어서도 모든 자들에게 차별 없이 역사하지 않으시고 다만 일부 인간들만을, 말하자면 그가 구원하시고자 하는 자들만을 위해서 역사하신다. 따라서 우리는 하나님의 영광을 하나님께 돌려 드릴 수 있으며, 구원의 모든 사역을 하나님께만 돌려 드릴 수 있게 된다.

5. 지금까지 열거한 견해의 차이점들을 통해 우리는 구원 계획의 범위 안에서 있을 수 있는 중대한 차이점들을 철저하게 검토하였다. 사람은 누구나 자연주의자 아니면 초자연주의자다. 그리고 초자연주의자들은 누구나 사제주의자들이거나 복음주의자들이며, 복음주의자들은 보편 구원론자들이거나 제한 구원론자들이다. 그리고 제한 구원론자들은 누구나 하나님의 구원 사역과 관련하여 단지 일부만 제한 구원론자들이거나, 아니면 모든 사역에 있어서 제한 구원론자들이다. 그러나 철저한 제한 구원론자들은 자신들끼리도 견해차가 있을 수 있다는 사실을 깨닫는다. 그러나 그 견해 차이는 이들 모두가 일치하는 구원의 계획 그 자체의 항목에 있는 것은 아니며, 이 구원 계획의 전제의 영역에 있는 것이다.

구원의 계획에 관한 견해의 차이를 완전하게 나열하기 위해 이러한 견해차를 이곳에서 언급하는 것이 바람직할 것이다. 이 견해차는 하나님이 구원 사역의 과정에서 행한 사실과는 무관하며, 구원의 문제 이면으로 들어가서, 어떻게 하나님이 인류의 운명에 대해서 전체적으로 인류를 다루셨는가 하는 문제를 묻는다. 이러한 견해차로 인해 갈라진 두 분파는 사상사에 있어서 타락 전 선택설(Supralapsarians)과 타락 후 선택설(Sublapsarians 또는 Infralapsarians)이라는 상반된 이름으로 알려진다. 이들 사이에 존재하는 차이점은, 인간의 운명과 관련하여 하나님이 인간을 주관하심에 있어서 단지 인간으로 다루셨는가 아니면 죄인들로 다루셨는가 하는, 즉 인간을 두 종류로 구분하는 문제다. 말하자면, 하나님의 선택과 유기의 작정은 단지 아직 범죄하지 않은 인간들에 관계된 것인가, 아니면 이미 죄를 범한 인간들, 곧 전적으로 타락한 존재들로서 여겨진 인간들에 관계된 것인가 하는 문제다.

이러한 단순한 질문에서 우리는 그 해답을 찾을 수 있을 듯하다. 하나님이 인간을 실제로 다루심에 있어서 두 종류의 인간들, 곧 선택된 사람들과 유기된 사람들 모두는 죄를 전제한다. 즉, 죄를 전제하지 않고는 유기뿐 아니라 구원도 말할 수 없는 것이다. 죄는 사고(思考)에 있어서 필연적으로 선행하는 것인데, 그 사고란 추상적인 개념으로서, 차별에 대한 사고가 아니라 지금 문제 제기되고 있는 구체적인 차별의 경우, 곧 구원이냐 형벌이냐가 내포된 운명에 관련된 차별에 관한 사고다. 형벌에 관한 작정과 마찬가지로 구원에 관한 작정을 세우기 위해서는 죄가 반드시 숙고되어야 한다. 그러므로 논리적인 순서에 따라 인간들을 죄인들로 여기지 않고는 구원과 형벌이라는 인간 구분의 교리를 우리는 말할 수 없는 것이다.

지금 문제가 제기되고 있는 견해의 구분에 대한 비판(단점)은 하나님 편에서 인간들을 구별하는 문제를 제기하고 있다는 것이다. 즉, 인간들은 두 종류로 나뉘어지는데, 하나는 하나님의 은혜를 받을 가치가 없는데도 받은 자들이며, 다른 하나는 존재하기 이전에 이미 하나님의 공의로운 진노의 대상들로서 따라서 단순한 추상 속에서 사라져 버리는 존재들이다. 우리가 이 문제를 지상(地上)의 문제로 회복시킬 때, 제기된 이 문제는 결국 다음의 사실과 같다는 것을 우리는 발견한다. 하나님은 제한된 인간들만을 구원하기 위해 인간들을 구분하시는가, 아니면 하나님은 인간들을 구분하기 위해 제한된 일부만을 구원하시는가 라는 사실이다. 차별에 대한 추상적인 어떤 소원을 갖도록 하나님의 마음을 움직인 직접적인 동기는 다양하게 인간들을 다루시고자 하신 소원이었는가, 그래서 하나님은 인간들 중 일부는 당신의 형언할 수 없는 은혜의 대상으로 삼으시고, 그리고 당신의 모든 능력을 발휘하시기 위해서 나머지 다른 인간들은 자신들의 각자 행위에 따라 엄격하게 다루시기로 결정하셨는가?

그렇지 않으면, 모든 인류가 자신들의 죄 안에서 멸망당하는 것을 기뻐하지 않으신 것이 직접적인 동기가 되었는가? 그래서 당신의 간절한 긍휼을 만족시키기 위해서, 하나님의 공의와 긍휼이 서로 만나는 수단으로써 하나님은 아무도 셀 수 없는 수많은-이 숫자는 하나님의 공의로운 속성의 억압하에서 인간 자신의 죄에 대한 정당한 형벌로부터 그들을 구원하기 위하여 하나님의 모든 속성의 동의를 받아야 할 만큼 많은 숫자다-인간들을 파멸과 고통에서 건져 내시려고 개입하신 것인가? 우리가 전자의 문제 제기에 대해 어떠한 것을 말한다 하더라도, 확실한 것은 인간 존재의 무서운 실체라는 관점에서 후자의 문제 제기가 옳게 정립되었다는 것이다.

타락 전 선택설의 구조 안에서 그 교리의 주된 동기 중의 하나는, 인간들에 대한 하나님의 다루심을 통하여, 즉 단지 인간 구원의 관점이 아니라, 인간들에 대한 하나님의 사역의 전 과정을 통하여 제한 구원론적인 원리를 보존하려는 소망에서 제기된 것이다. 그러므로 창조의 때부터 하나님은 인간들을 두 종류로 나누어 생각하시고 주관하셨다고 말할 수 있다. 두 종류는 물론, 받을 가치가 없는데도 하나님의 은혜를 받은 자들과, 자기 행위대로 마땅히 유기된 자들이다. 따라서 일부 타락 전 선택설을 주장하는 자들은, 사고의 순서에 있어서 구별의 작정을 앞에 두며, 심지어 창조의 작정보다도 앞에 위치시킨다. 그리고 타락 전 선택설을 주장하는 모든 자들은, 사고의 순서에 있어서 하나님의 인간 구별의 작정을 타락의 작정 앞에 둔다. 그러므로 인간에 대한 하나님의 전체적인 주관을 상술한 이러한 시도는 실제적으로는 시행될 수 없으며, 이 문제의 성격상 참으로 시행될 수 없다고 지적하는 것이 적절하다.

하나님이 인간을 창조하기로 작정하신 것, 그보다 특히 창조되기로 계획된 인간에게 죄 가운데로 타락하도록 허용하기로 작정하신 것은 필연적으로 보편적이다. 단지 제한된 사람들만이 창조되거나 다른 사람들과 구별되게 창조되어진 것이 아니라, 모든 인류가 태초에 창조되고 모든 인간은 동일하다. 단지 제한된 사람들에게만 타락이 허용된 것이 아니라, 모든 인간들이 동일하게 타락하였다. 제한 구원론을 의견이 분분한 구원 계획(왜냐하면 분명히 단지 제한된 사람들만이 구원받기 때문에)의 영역에서, 논점이 일치하는 창조 또는 타락의 영역(모든 사람들이 창조되고 모든 사람들이 타락하였기 때문에) 안으로 밀어 넣으려는 시도는 역시 필연적으로 실패한다.

 제한 구원론은 단지 다양한 의견들이 다른 논점들을 다양하게 취급하는 조건을 요구하는 영역에서만 문제로 제기될 수 있는 것이다. 그렇다면 구원을 필요로 하는 인간, 그리고 모든 사람들에게 공통되지 않은 구원과 관련하여 그러한 인간을 하나님께서 다루시는 문제에 앞서서, 인간에 대한 하나님의 작정의 영역 속으로 제한 구원론을 밀어넣을 수는 없다. 그러므로 다른 쪽에서 보편 구원론이 정도를 벗어난 것처럼 이쪽에서는 타락 전 선택설이 정도를 벗어났다. 반면, 타락 후 선택설은 조리가 있는, 또는 사실과 일치하는 교리만을 제시한다.

 지금까지 우리가 살펴본 구원 계획의 본질에 관한 여러 가지 개념들은 단지 구원 계획의 다양한 개념들이 나란히 배열된 것들이 아니라 각각의 견해가 나머지 모든 견해들과 상반된 의미를 나타냈다는 사실을 우리는 주목하지 않을 수 없다. 이 견해들은 구원의 근본적인 개념의 실현에 점점 더 일치해 가면서 애초의 실수를 수정해 가는 진보의 연속으로서 서로 연관되어 있다. 그러므로 우리가 이러한 견해들 가운데서 우리의 길을 발견하고자 한다면, 무분별하게 이 견해들을 서로 대치시켜 놓아서는 안되며, 반대로 규칙적으로 순서를 따라 고찰해야만 할 것이다. 이에 따라, 초자연주의는 먼저 자연주의에 대항하는 것으로서 옹호되어야만 하고, 다음에 복음주의는 사제주의에 대항하는 것으로서, 그 다음에 제한 구원론은 보편 구원론에 대항하는 것으로서 옹호되어야 한다. 이렇게 함으로써 비로소 우리는 구원의 계획이라는 특정한 성격에 완전히 부합하는 개념에 이르게 될 것이다. 이 개략적인 고찰에 대해서 우리는 이어지는 강의들에 주목할 것이다.

 다음의 도표는 이번 강의에서 나열한 여러 가지 개념들을 동시에 볼 수 있게 해줄 것이며, 이 견해들의 상호 관계를 용이하게 이해하는 데 도움이 될 것이다.

작정의 순서

	복음주의						사제주의			자연주의	
제한구원론			보편구원론								
철저한제한구원설	타락후선택설	불철저한 제한구원론									
타락전선택설		아미랄드주의	루터주의	웨슬레주의	순수 보편구원론	성공회	로마교회	희랍정교회	알미니우스	펠라기우스
하나님께서 영생으로 일부가 선택됨. 타락의 허용=죄책, 타락, 그리고 전적인 부패됨.	타락의 허용=타락, 타락, 그리고 전적인 부패됨.	타락의 허용=타락, 죄책, 그리고 도덕적 인 부패됨.	타락의 허용=죄책, 타락, 그리고 전적인 부패됨.	타락의 허용=죄책, 타락, 그리고 전적인 부패됨.	타락의 허용.	죄의 허용.	타락의 허용=원의 상실. 어느 하나 남에 대한 죄의 상실과 의의 상실.	타락의 허용=원의 상실. 어느 하나 남에 대한 죄의 상실과 의의 상실.	타락의 허용=(육체적인 죄). 타락(고통에 대한 죄의의 상실과 도덕적인 타락의 마음과 육의 성향을 내포함.	각자가 자신에게 요구되는 모든 것을 행할수있는 자유의지의 선물.
타락의 허용=죄책, 타락, 그리고 전적인 부패됨.	그리스도 안에서 생명을 얻을 일부를 선택함.	모든 자에게 구원을 가능하게 해주도록 그리스도를 선물함.	세상의 죄의 대가를 치르도록 그리스도를 선물함.	세상의 죄의 대가를 치르도록 그리스도를 선물함.	모든 사람을 생명에 예정함.	모든 사람의 죄의 대가를 치르도록 그리스도를 선물함.	모든 인류의 죄의 대가를 치르도록 그리스도를 선물함.	죄악된 인류가 하나님과 화목하도록 그리스도를 선물함.	충족한 은혜의 수여 를 확실케 하도록 그리스도를 선물함.	자신에게 요구되는 것을 보여주고 지킬수있도록 그리고 순종하기 위해 힘을 얻도록 기도하 보여 를 선물함.
택자를 구속하고 택한 사람들에게 공로를 마련하기 위해 그리스도를 선물함.	그리스도의 택자를 구속하고 모든 사람들에게 충족한 근거를 마련하기 위해 그리스도를 선물함.	도덕적인 능력을 선물함. 모든 사람을 도덕적 개혁을 할수있는 위치에 놓음.	구원의 은혜를 전달하는 수단으로 은혜의 수단들을 선물함.	모든 사람의 원죄를 용서하고 충족한 은혜를 전달하기 위해 그리스도를 선물함.	모든 사람에게 죄를 속하기 위해 그리스도를 선물함.	하나님의 충족한 은혜를 전달하는 수단인 마리아와 교회를 선물함.	그리스도의 대속을 작용하는 교회와 성례를 설립.	"실자가의 은혜를 지속적인 공급을 위해" 교회를 세움.	모든 사람에게 충족한 (실두하는) 은혜를 선물함.	(예. 죄를 속하고) 좋은 본을 세우기 위 해 그리스도를 선물함.
구속된 자들을 구원하기 위해 성령을 선물함.	구속된 자들을 구원하기 위해 성령을 선물함.	택자 안에서 도덕적 능력을 행하는 성령을 선물함.	은혜의 수단을 거부하지 않는 자들을 영생에 예정함.	충족한 은혜를 활용하는 자들을 영생에 예정함.	모든 사람을 이 스도의 수족을 선 하는 생명을 선 물함.	평시적인 은혜를 수반을 통한 이 은혜의 수단을 선물함.	체계적인 예수, 성례를 처음 작용함.	교회의 규례를 통한 교회, 경기, 성직.	이 은혜의 자주적인 협력하는 모든 자들 구원함.	옳은 길로 걸어가는 모든 자를 영접함.
구원받고 중생한 모든 자의 성화.	구원받고 중생한 모든 자의 성화.	성령에 의한 성화.	은혜의 수단을 통한 성화.	충족한 은혜와 협력하는 모든 자의 성화.	모든 자의 구원.	생명을 수여하는 세례와 이를 풍성하게 하는 성례의 생활을 통한 성화.	성례가 지속되는 모든 자의 계속됨이 있는 삶.	성례를 통한 은혜의 성화의 생활의 이중주.	은혜와 협력이 한 자속적인 성화.	자발적인 노력에 의한 자속적인 성화.

2
자력 구원설
(AUTOSOTERISM)

근본적으로 구원의 교리에는 단지 두 가지만이 존재한다.[1] 하나는 구원이 하나님으로부터 말미암는다는 교리이며, 다른 하나는 구원이 우리 자신으로부터 말미암는다는 주장이다. 전자는 기독교의 공통된 교리이며, 후자는 보편적인 이방 종교의 교리다. 헤르만 바빙크 박사는 다음과 같이 논평하였다.[2] "이방 종교의 원리는 부정적으로 말하면 참되신 하나님과 그의 은혜의 선물에 대한 부정이며, 긍정적으로 말하면 구원이 인간 자신의 능력과 지혜로써 확보될 수 있다는 신념이다. '자, 성과 대를 쌓아 대 꼭대기를 하늘에 닿게 하여 우리 이름을 내고 온 지면에 흩어짐을 면하자'(창 11:4). 구원의 길을 모색하려는

---

1. 참고, A. A. Hodge: "*Outlines of Theology.*"[2] 1978, p. 96: "우리가 예견한 대로, 사실상 두 개의 완전히 자기의 조리를 가지는 기독교 신학의 체계는 단지 둘이 있다"—어거스틴주의와 펠라기우스주의.

2. *Geref. Dog.*[1] ii. pp. 425, 426.

이방 종교의 노력들이 보다 의식적인 성격을 띠든 아니면 보다 윤리적인 성격을 띠든, 그리고 그 노력들이 보다 긍정적인 성격을 띠든 아니면 보다 부정적인 성격을 띠든간에, 그 어떠한 경우든지 인간이 그 자신의 구세주로 존재한다. 따라서 기독교 이외의 모든 종교는 자력 구원적(自力救援的)이다……그리고 철학도 이에서 더 나아가지 않았다. 심지어 인간의 생래적인 죄에 대한 안목을 가지고 중생의 필요성을 인식한 칸트와 쇼펜하우어조차도 마지막에는 인간의 의지, 지혜 그리고 능력에 호소하였다."

그러므로 제롬이, 교회 안에서 가르쳐진 최초로 조직화된 자력 구원 체계인 펠라기우스주의를 "피타고라스와 제노의 이설(異說)"³이라고 선언한 것은 아주 적절한 것이었다.

사실상 펠라기우스주의는 당시 널리 확산되어 있던 스토아 학파의 윤리가 기독교의 형태 안에서 구체화된 것이었다. 이 스토아 학파의 윤리는 초대 교회사 전체에 걸쳐서 사람들의 생각을 지배하여 왔었다.⁴ 인간 의지가 절대적인 능력을 가진다는 이 핵심 원리는 완전한 자신감으로 주장되었고, 의무를 준수할 능력은 한계가 있다는 연약한 부정적인 형태가 아니고 모든 의무를 충분히 지킬 수 있다는 자신 있는 의기 양양한 형태로 선포되었는데, 바로 이 핵심 원리의 둘레에서 펠라기우스는 변변찮은 체계를 세운 것이 아니라 완전한 자력 구원의

---

3. 예레미야에 대한 그의 작품 중 Book IV의 서문. 참고, Milman, "Latin Christianity" i. p. 106, note 2; De Pressenseé *Trois Prem. Siecles*. ii. p. 375: Hefele, "Councils," E. T. ii. p. 446, note 3; 참고, Warfield, "Two Studies in the History of Doctrine," 1897, pp. 4, 5.

4. 자력 구원의 개념이 실제로 언제나 신앙심을 만족시킨 것은 아님. 참고, T. R. Glover, "Conflict of Religions, etc." p. 67: "구원이 내부로부터 말미암지 않는다는 사실은 고통을 겪은 모든 사람의 증거였다. 그러한 것이 있을 수 있는 한, 모든 신앙적인 마음으로 세워지는 증거는 그 느낌이 옳든 옳지 않든, 의지는 불충분하다는 느낌, 그리고 우리 자신의 결심과 노력으로 자신을 구원한다는 스토아적인 개념이 최종적으로 포기되는 곳에서만이 신앙이 시작된다는 느낌은 물리칠 수 없다는 사실이다."

체계를 세웠던 것이다.⁵

한편으로, 이 자력 구원의 체계는 최초에 인간이 빠진 "타락"을 일체 부인하고, 따라서 그것이 죄든 아니면 단순한 연약함이든, 과거 역사로부터 내려오는 어떠한 악의 전가(轉嫁)도 부인함으로써 스스로 자기 체계를 보호하였다. 모든 인간은 아담이 창조된 것과 같은 상태로 태어난다. 그리고 모든 인간은 태어날 때와 같은 상태에서 삶을 지속한다. 아담은 타락함으로써 기껏해야 우리에게 나쁜 본보기를 보여 주었을 뿐이다. 그러나 우리가 그 본보기를 선택하지 않는 한 우리가 따라갈 걱정은 없다. 물론 우리는 우리의 옛 죄에 대해 책임을 요구받고 그에 대한 공정한 심판을 감내해야 하지만, 그 옛 죄가 어느 면으로나 의로운 것을 행할 수 있는 우리의 본래적인 능력을 빼앗거나 축소시키지는 못한다.

펠라기우스는 선포하기를, "나는 말한다. 인간은 죄를 짓지 않을 수 있으며, 하나님의 계명들을 준수할 수 있다"⁶라고 하였다. 그리고 이 능력은 아담의 범죄 이후뿐만 아니라 우리 자신의 어떠한 죄 그리고 모든 죄 이후에라도 원래대로 남아 있다. 이에 대해 에클라눔의 줄리안(Julian of Eclanum)은 "그것(본래적인 능력)은 범죄 이전과 마찬가지로 범죄 이후에도 완전하다"⁷라고 말하였다. 그러므로 자신이 선택하는 어떤 순간에든지, 모든 인간은 모든 범죄를 중단할 수 있으며, 그 순간으로부터 영원히 지속적으로 완전할 수 있다.

또 한편으로는, 모든 의를 이루는 완전한 능력에 대한 이와 같은 단호한 주장을 보존하기 위해 이들은 하나님으로부터 오는 내적인 도움이라는 의미에서의 모든 "은혜"를 부정한다. 하나님으로부터 오는 이러한 도움은 인간에게 필요치도 않으며 실제로 주어지지도 않는다. 반면, 모든 인간은 절대적으로 자기 자신

---

5. 또한 유사하게 Kant, *Religion innerhalb der Grenzen der blossen Vernunft* (*Gesammelte Schriften* 1907. Bd. VI): "도덕률이 우리더러 선한 사람이 되는 것을 요구한다면, 우리가 틀림없이 그렇게 될 수 있다는 사실이 불가피하게 뒤따른다."

6. "On Nature and Grace," 49.

7. "The Unfinished Work," i. 91.

의 구원을 스스로 성취한다. 단, 두려움과 떨림으로 하느냐 또는 그렇지 않느냐는 오직 인간 자신의 독특한 기질에 기인한다. 확신하건대, "은혜"라는 용어는 성경의 증거 속에 너무나도 깊이 새겨져 있기 때문에 모두 제외시켜 버릴 수가 없다. 그러므로 펠라기우스주의자들은 계속해서 이 용어를 사용한다. 그러나 이들은 이 용어에서 성경의 풍부한 의미를 제거해 버리는 형식으로 이 용어를 설명했다. 그들에게 있어서 은혜란 인간에게 근본적으로 부여된 것으로서, **빼앗을 수 없는 자유 의지**를 의미했고, 그리고 그와 함께 하나님이 인간으로 하여금 선을 위해 자기의 의지를 사용하도록 장려하는 것을 의미했다.

　이상과 같이 볼 때, 펠라기우스주의의 교리는 다음과 같은 점들을 내포하고 있다. 하나님은 인간에게 빼앗을 수 없는 자유 의지를 부여하셨고, 이 자유 의지로 말미암아 인간은 자신에게 요구되는 모든 것을 완전히 행할 수 있다. 이러한 큰 은사에 하나님은 율법과 복음의 은사를 더하여 주셔서 의의 길을 비추고 인간으로 하여금 그 길을 가도록 하셨다. 심지어 그리스도까지 주셔서 과거의 죄를 속죄하시고 앞으로 의를 행할 수 있는 모든 여건을 마련해 주셨으며, 특별히 선한 모범을 세워 주셨다. 이러한 장려하에서, 그리고 자기들의 뿌리 깊은 자유의 능력 가운데서 자기들의 죄에서 돌아서서 의를 행하는 자들은 의로우신 하나님에게 영접받을 것이며, 자기들의 행위에 따라 보상받을 것이다.
　바로 이것이 최초에 교회 안에서 공표된 자력 구원의 순수 교리였으며, 아울러 그때로부터 지금까지 계승된 모든 자력 구원의 전형이다.
　하나님의 섭리 가운데, 이 공표된 자력 구원의 교리는 즉각적으로 그에 못지 않게 분명하고 철저하게 정립된 "은혜" 교리의 주장에 부딪혔고, 그로 인해 은혜와 자유 의지간에 커다란 충돌이 최종적으로 5세기 초에 교회를 위해 일어났다. 이 논쟁에서 은혜 교리의 대변자는 어거스틴이었다. 그의 전체 교리의 핵심은, 인간 안에 있는 모든 선의 유일한 기원은 은혜라는 주장이며, 이러한 주장은 모든 의를 행할 수 있는 인간의 독자적인 의지의 절대적인 능력을 주장하는 펠라기우스의 교리만큼이나 철저하게 한 가지만을 고집한다. 어거스틴의 주장은 AD 417-418년 카르타고 회의의 합의에 따라 합법적으로 공표되었다. 카르타고 회의에서는 하나의 명확한 고백 이외에 어떤 것으로도 만족하기를 거부하였는데, 그 명확한 고백이란 "우리가 하나님의 은혜로, 그리스도를 통하여, 각각의 단일한 행위에 있어서 의로운 것을 알 뿐 아니라 또한 행하며, 따라서 우리는 은혜 없이는 경건에 속한 어떠한 것도 가지거나, 생각하거나, 말하거나, 행할 수 없다"는 것이었다. 이와같이 두 교리 사이의 대립은 절대적이다.

하나의 교리에서는 모든 것이 인간에게 속하였고, 다른 하나의 교리에서는 모든 것이 하나님께 돌려졌다. 이들 안에 있는 두 개의 종교, 곧 밑바닥에 깔려 있는 오직 두 개의 종교는 사투(死鬪)를 벌였다. 그 종교 중 하나는 믿음의 종교였고, 하나는 행위의 종교였다. 즉, 하나는 자신에 대해 실망하여 자신의 소망을 하나님께 두는 종교이며, 다른 종교는 자기를 완전히 신뢰하는 종교다. 또 다른 관점에서 종교는 그 자체의 성격상 하나님에 대한 순전한 의존이기 때문에, 여기서 하나는 이러한 개념 그대로 순수한 종교이며, 다른 하나는 유사 종교적인 도덕주의다. 이 두 종교간의 싸움은 첨예하였으나, 다행스럽게도 논쟁은 의심 없이 해결되었다. 어거스틴주의가 승리한 가운데, 최종적으로 기독교는 하나의 종교, 곧 구원을 필요로 하는 죄악된 사람들을 위한 종교로 남게 되었고, 단지 구원이 필요 없는 자들에게나 맞는 단순한 윤리적 교리로 썩어 버리지 않을 수 있게 되었다.

그러나 자유의 가치는 영원한 경계를 통해 얻어진다는 말과 같이, 교회가 곧바로 깨달은 것은 종교 그 자체는 단지 지속적인 투쟁을 지불하고서야 유지될 수 있다는 사실이었다. 펠라기우스주의는 어렵게 죽었다. 아니, 그보다는 전혀 죽지 않았다. 반대로, 단지 다소간 보이지 않게 물러나서 자신의 때를 기다리고 있을 뿐이다. 그 동안에 펠라기우스주의는 수정된 형태로, 곧 교회의 정죄 문서를 충분히 피할 수 있을 만큼 수정된 형태로 교회를 괴롭힌다. 반(半)펠라기우스주의(Semi-pelagianism)가 즉시 펠라기우스주의의 자리를 대신하였다. 그리고 반(半)펠라기우스주의와의 논쟁이 벌어지고 기독교가 이에 승리하였을 때, 반반펠라기우스주의(semi-semi-pelagianism)가 반펠라기우스주의의 자리를 대신하였는데, 이 반반펠라기우스주의는 오렌지 회의에서, 체계화된 아퀴나스의 신학에 교회를 팔아 넘겼다. 그리고 마지막으로 트렌트 회의는 반반펠라기우스주의를 따른 교회의 운명을 쇠못으로 고정시켜 버렸다.

펠라기우스주의와의 논쟁의 결과로 은혜의 필요성이 인식되었고, 반펠라기우스주의와의 논쟁의 결과로는 은혜가 선행한다는 사실이 인식되었으나, 이러한 인식의 유효성은—사람들은 이것을 "불가항력"이라고 말하는데—오렌지 회의의 치명적인 절충안으로 말미암아 부정되고 말았다. 이렇게 하여 어거스틴주의의 승리의 행군은 저지당했고, 오직 은혜만으로 말미암는다고 하는 순수한 구원 고백은 교회의 이러한 특성 안에서는 영원히 불가능하게 되었다. 이러한 교회의 오만한 자랑거리는, 교회는 항상 동일하다(*semper eadem*)는 것이었다. 참으로 교회의 범위 안에서 펠라기우스주의와 함께 구원의 모든 것을 인간에게 돌리는 것은 더 이상 법적으로 불가능하였고, 또한 반펠라기우스주의와 함께 구원 문제에 들어간다는 것도 불가능하였다. 하지만 구원의 근거를 온전하게 하나님의 은혜에 돌리는 것도 더 이상 법적으로 불가능하게 되었다. 사실상 하나님의 은혜는, 믿을 수 없는 인간 의지의 도움 없이도 스스로 구원을 완전하게 성취할 수 있는 것이다. 그리고 인간 의지의 도움이란 것도, 그보다 앞서는 은혜로 말미암아 능력을 부여받고 작용된 것이나 실제로 효력은 없는 것이며, 따라서 이것은 구원하는 은혜의 사역을 뒷전으로 돌리거나 무효화시킬 수 없는 것이다.

이러한 신인 협력적(神人協力的)인 교리의 중력은 분명히 하향 곡선을 그린다. 따라서 우리는 이 신인 협력적인 교리가 쉽게 뚜렷한 반펠라기우스주의로 떨어진다는 것을 알게 되어도 놀라지 않을 수 있는 것이다. 이 뚜렷한 반펠라기우스주의는, 교회가 공식적으로 정죄하였음에도 불구하고, 중세를 통틀어 대부분의 사람들의 실제적인 신앙을 형성한 듯하다. 그리고 이 반펠라기우스주의 안에서, 구원을 이루는 근본적인 행위가 구원을 전달하는 하나님의 은혜에 돌려지지 않고, 하나님의 전능하신 은혜를 유효하게 만드는 인간 의지의 동의에 돌려진다. 바로 여기에, 비록 순수 펠라기우스주의 그 자체와 같이 철저한 것은 아니지만 행위 구원(a work-salvation)이 존재한다. 따라서 중세기 전체를 통틀어 율법주의가 판을 쳤으며, 그때에 율법주의는, 바이넬(Heinrich Weinel)이 생생하게 묘사한 것과 같이, 사도 바울이 반대한 것으로서 유대인 집단에서 그 모습이 분명하게 나타나는 율법주의와 동일한 결과를 정확하게 초래했다. 이에 대해 바이넬은 다음과 같이 말한다.[8]

"단지 율법의 체계하에서만 행복할 수 있는 자만이 장수할 수 있다는 이 거짓 ……하지만 자랑스럽고 순전하며 변함없는 본질이 하나의 거짓으로 따돌려질 수는 없다. 만일 이 순전한 본질들이 거부될 수 없다면 이것들은 거짓을 사장시킬 것이다. 이것들이 강하다면 죽는 것은 거짓이 될 것이다. 율법 안에 내재된 거짓이란 율법을 성취할 수 있다는 가정이었다. 바울의 모든 동료들은 이 계명을 지킬 수 없다는 것을 이해했으면서도 그들은 자신들의 죄를 인정하지 않았다. 연장자는 젊은이 앞에서 마치 계명을 지킬 수 있는 양 행동했으며, 젊은이는 다른 사람의 능력에 근거해서 계명을 지킬 수 있다고 믿었으며, 자신에게 불가능하다는 것을 인식하지 못했다. 이들은 다른 의로운 사람들에게 자신들을 비교함으로써 자신들의 죄에 대해 무지하였다. 그리고 자신의 영혼을 위한 대변자를 얻기 위해 에녹과 노아와 다니엘의 먼 옛날에 의지했다.[9] 이들은 성자들의 선행이 자신의 결점을 덮어 주는 것을 하나님께서 허락하시리라고 기대했다. 그리고 이들은 때때로 자비를 구하는 기도를 잊어버렸고, 반대로 온전히 거짓을 계속 따라갔으며, 마치 자신이 훌륭한 자인 것처럼 행동했다."

---

8. "St. Paul," E. T. pp. 72, 73.

9. "전 율법을 지킬 수 있는 것이 가능하다는 것은 탈무드에 흔히 있는 개념이다. 아브라함, 모세, 그리고 아론은 그렇게 했던 사람들이라고 주장되었다. R. Chanina는 죽음의 천사에게 '나를 율법서로 데려다 달라. 그러면 그 안에 기록된 어떤 것이라도 내가 지키지 못한 것이 있는지 알리라'(Schoettg. i. pp. 160, 161. 또한 Edersheim, 'L. and T.' i. p. 336을 보라)고 말한다"—Alfred Plummer, Com. on Luke xviii, 21 (p. 423).

이것이 바로 중세의 참모습이다. 사람들은 스스로 구원을 얻을 수 없으며, 심지어 하나님의 은혜의 장려를 받는 가운데서도 자기 스스로는 구원을 얻을 수 없다는 것을 매우 잘 알고 있었다. 그리고 이들은 모든 국면에서 자신들의 "선행"이 부족하다는 것도 잘 알고 있었다. 그러나 이들은 무섭게도 허구를 놓지 않았다.[10] 이때에 "거짓을 죽일 수 있는" 강한 사람들은 없었는가? 강한 사람들은 여기저기서 일어났다. 9세기의 고트샬크(Gottschalk), 14세기의 브래드워딘(Bradwardine), 위클리프, 15세기의 후스, 뒤늦게 17세기의 잔센(Jansen).

그러나 이들의 항거에도 불구하고 거짓은 여전히 존재했으나 마지막에 참으로 강한 사람, 마틴 루터가 출현함으로써 거짓은 사라졌다. 로마 교회 안에서 그동안 억눌려 왔던 어거스틴주의는 더 이상 억압당할 수 없었다. 교회는 자신을 속박하여 어거스틴주의를 수용할 수 없었다. 당시 교회 안에는 어거스틴주의를 위한 아무 것도 존재하지 않았으나, 어거스틴주의는 교회의 벽을 허물어 버리고 그 억압으로부터 빠져 나왔다. 그 폭발은 우리가 종교 개혁이라고 부르는 형태로 나타났다. 종교 개혁은 어거스틴주의가 그 정당성을 부여한 것이나 다름없었다. 그리고 그 정당성이란 인본적인 모든 것으로부터 돌이켜서 구원을 위해 오직 하나님만 의지하는 것이다.

따라서 종교 개혁자들의 근본적인 교리는 인간의 완전한 무능력과 하나님의 은혜에 대한 절대적인 요청에 지나지 않았다.[11] 그리고 종교 개혁자들이 단호하게 외면해 버린 것은 바로 인간에게 선을 행할 수 있는 본래적인 능력이 있다는 가정 이외에 다른 것이 아니었다. 펠라기우스주의는 루터에게 있어서, 종교적인 관점으로부터 불신앙의 관점에 이르기까지, 윤리적인 관점에서 단순한 이

---

10. 참고, A. C. Headlam, "St. Paul and Christianity" 1913, p. 138. "종교 개혁의 논쟁은 실제로 신앙과 행위에 대한 옛 논쟁이었다. 실제로 (그것이 이론 속에 얼마나 감추어져 있든 간에) 중세의 교리는 행위에 의한 구원을 가르쳤다."

11. Kostlin, "Theology of Luther," E. T. i. 479.

기주의에 이르기까지, 이단 중의 이단이었다. 펠라기우스주의는 "루터가 특별히 가톨릭 교회 안에서 비난하고자 한 모든 내용을 포괄한 항목이었다."[12] 루터는 그의 책 「노예 의지론」(*De Servo Arbitrio*)에서, 인간의 능력을 펠라기우스주의화하여 고양시킨 에라스무스의 시도를 논박하였는데, 이 책은 요리문답 이외에 루터가 자기 책들 중에 유일하게 높이 평가한 것으로, 이 책 안에서 그는 수정할 아무 것도 발견할 수 없었다.[13]

"루터와 다른 종교 개혁자들 이전에 설파된 자유 의지 교리에 있어서, 그것이 끼칠 수 있는 효력은 사람들에게 단지 자기 자신의 덕행에 대한 과장된 견해로 가득하게 하는 것이며, 아울러 그들을 허영심으로 부풀게 만들어서, 성령의 은혜와 도우심이 설 자리를 없애는 것이다"라고 칼빈은 기록하였다.[13a] 그는 또 기록하기를,[14] "우리가 어떤 사람에게 말함에 있어서 인간 자신에게는 죄와 죽음밖에는 아무 것도 없으므로 그 자신 밖에 있는, 곧 오직 그리스도 안에 있는 의와 생명을 찾으라고 말할 때, 그 사람은 인간 의지의 자유와 능력을 생각하면서 즉시 다툼을 벌인다. 왜냐하면 만일 인간이 하나님을 순종할 능력을 조금이라도 가지고 있다면, 그가 구원을 얻는 것은 전적으로 하나님의 은혜로 말미암은 것이 아닌 것이 되며, 그 인간은 부분적이나마 그 공로를 자신에게 돌리기 때문이다. 인간이 성령의 인도를 받을 때 자발적으로 그리고 자유로운 의지로 행동한다는 것을 부정하지는 않지만, 우리는 인간의 모든 본질이 스스로 바르게 행할 능력을 소유하지 못할 정도로 타락으로 물들어 있다고 주장한다."[15]

---

12. A. T. Jorgensen, *Theol. Stud. und Krit.* 1910, 83 pp. 63-82; 참고, *Jahresbericht for* 1910, 1912, p. 590.
13. Kostlin, ii. 301: "나는 아마도 「노예 의지론」과 「요리 문답」을 제외하고 옳은 어떠한 책도 알지 못한다." 이것은 1537년에 저작되었다.
13a. "The Necessity of Reforming the Church," in "Tracts," E. T. p. 134. 이것은 1544년에 쓰어졌다.
14. p. 159.
15. 이 마지막 문단에 포함된 의지의 참된 교리에 대한 진술은 주목할 가치가 있다.

그러나 열정적으로 오직 하나님께만 구원의 공로를 돌린 어거스틴주의의 단체 안에서까지 멀지 않아 자력 구원의 옛 누룩이 다시금 움직이기 시작했다.[16] 이처럼 새롭게 "은혜로부터의 떨어짐"을 종교 개혁의 사상 안으로 주입시킨 인물은 다름 아닌 멜랑크톤이었다. 비록 그의 가르침에 있어서 그것(은혜로부터의 떨어짐)은 단지 작은 진보에 불과했지만 말이다. 멜랑크톤의 교리의 발전은 세 시기로 분류할 수 있다.[17] 이중 첫번째 시기에서 멜랑크톤은 루터와 칼빈과 같이 순수한 어거스틴주의자였다. 1527년에 시작되는 두번째 시기에, 멜랑크톤은 의지에 대한 자신의 전반적인 교리에 있어서 아리스토텔레스의 가르침을 받기 시작한다. 그리고 1532년부터 계속되는 세번째 시기에서 멜랑크톤은, 비록 순전히 형식상의 능력이기는 하지만, 인간 의지에게 구원의 과정 중 일부 자리를 허용한다. 즉, 인간 의지는 영적인 작용을 할 수 있는데, 그 영적인 작용은 갇혀 계시거나 또는 보좌 위에 계신 성령에 의해 오직 창출된다는 것이다. 이것을 시발점으로 신인 협력설이 루터 교회 내에서 급속도로 형체를 갖추었다.[18]

이것은 반대에 부딪쳤다. 그리고 구(舊)루터파들 - 암스도르프(Amsdorf),

---

16. 참고, Jean Barnaud, *Pierre Viret*, 1911, p. 505: "그것(개혁자들의 교리)에 반대한 최초의 인물인 볼섹(Bolsec)은 하나님의 선택이 성경에 의해 가르쳐졌음에 이의를 제기하는 것으로 시작하여 이후 은혜의 보편성을 선포했고, 그리고 칼빈주의의 결정론을 공격하면서, 타락이 인간으로부터 자유 의지를 완전히 박탈해 버렸다는 사실을 부인했다. 이러한 전제로부터, 그는 사람들에게 신앙은 자유 의지의 행위를 초래하되, 상처입고 부패한 자유 의지의 행위를 초래하나, 절대적으로 파괴되고 선을 행할 수 없는 그러한 자유 의지는 아니라고 했으며, 결론적으로 선택은 신앙을 앞서지 않고, 최종적으로 구원은 하나님의 의지 안에서 뿐만 아니라 인간의 자유로운 결정 안에서 그것의 제일의 원인을 발견한다고 결론 지었다."

17. E. F. Fisher, *Melanchthons Lehre von d. Bekehrung. Eine Studie zum Entwickelung der Ansicht Melanchthons uber Monergismus und Synergismus*, 1905를 보라.

18. 이어지는 내용에 대해서는 E. Bohl, *Beitrage zur Geschichte der Reformation in Oesterreich*, p. 26 이하를 보라.

플라시우스(Flacius), 비간트(Wigand), 브렌츠(Brenz)가 완전히 확신 있는 어거스틴주의자들이라는 것은 사실이다. 그러나 이러한 사람들의 반대(신인 협력설에 대한)는, 아직 절정에 이르지 아니한 칼빈주의와의 논쟁만큼 강력한 것이 아니었다. 심지어 브렌츠는 스트리겔(Strigel)이 바이마르 논쟁(Weimar Disputation)에서 자신의 예정론에 대해, 무례하게는 아니지만, 자신을 비난하는 것을 용납했다. 그리고 이처럼 안드레아(Andrea)도 1586년 몽펠가르(Mompelgard) 회의에서 루터의 교리를 아무런 비난도 받지 않고 망가뜨릴 수 있었다.[19] 또한 훈니우스(Aegidius Hunnius)는 인간이 하나님의 은혜를 거절할 수 있다고 공공연하게 가르칠 수 있었고,[20] 게르하르트(John Gerhard)는 신자가 믿을 것을 미리 알고 하나님이 선택했다는 예지 예정론을 수정 제안했다.[21] "하나님은 자발적인 것을 자신에게 유도하신다", "자유로운 의지는 인간 스스로 은혜에 적응하는 능력이다"라는 모호한 말로써 멜랑크톤이 장난하였을 때, 그는 불을 가지고 장난하고 있었던 것이었다.

백년 후 색슨(Saxon) 신학자들, 곧 호헤네그(Hoe van Hohenegg)와 레이서(Polycarp Leyser)는 1631년 봄 라이프찌히 회의에서 확신 있게 루터교의 교리로서 다음과 같은 선언을 할 수 있었다. 즉, 그것은 "하나님은 그리스도 안에서 은혜로 우리를 택하셨다. 그러나 이 선택은 한 인간이 그리스도를 진실로 그리고 계속해서 믿을 줄 아시는 하나님의 예지에 따라 이루어진 것이었다. 하나님은 믿을 줄을 미리 아신 자들을 복되게 하고 영화롭게 하기 위해 예정하셨고 선택하셨다"는 선언이었다. 죽은 자를 살리는 기적을 행하시는 하나님의 은혜는 루터가 열정적으로 선포했던 것이었으나, 이제 이것은 인간 의지에 전적으로 맡겨지게 되었다. 인간 의지에 대해 루터는, 죄에 완전히 예속되어 있으며, 다만 이것이 은혜로 말미암아 감동을 받고 도움을 받았을 때만이 선한 측면

---

19. Schweitzer, *Centraldogmen*, i. p. 503.
20. p. 509.
21. *Loci*, 1610, ed. Preuss, ii., p. 866.

40 구원의 계획

으로 작용할 수 있는 것이라고 선포한 바 있었는데 말이다.²²

이후 여러 해가 지나도 나아진 것은 없었다. 우리 시대의 가장 존경받는 루터교 신학자들 가운데 한 사람인 브레스라우의 신학 교수 슈미트(Wilhelm Schmidt)는 우리에게 말하기를,²³ "한마디로, 하나님의 거룩한 작정을 거역할 수 있는, 인간 스스로 세운 자유가 존재한다. 이 자유의 거역에 부딪쳐 하나님의 작정들은 종종 완전히 깨어지며, 참으로 모든 개인의 경우에 깨어질 수 있다"²⁴ 라고 하였다. 따라서 슈미트는 칼빈주의자들이 주장하는 철저하게 진술된 예정(*praedestinatio stricte dicta*)을 부인하는 것으로 만족하지 않고, 구 루터교 신학자들이 주장한 대체적으로만 진술된 예정(*praedestinatio late dicta*)까지도 마찬가지로 거절했다. 구 루터교 신학자들은, 모든 사람들은 하나님의 작정으로 말미암아 선행하는 의지에 의해 구원에 지목되지만, 아울러 결과적인 의지에 의해 모든 사람들이 구별되어 구원받도록 정해지는데, 이들은 "최종적으로 그리스도를 믿을 것"이라고 하나님께서 예견하신 자들이라고 가르친다. 슈미트는 말하기를,²⁵ "이들(믿을 자들)에 대한 하나님의, 말하자면 무오한 예견과 함께, 인간에 대한 결정들은 자유하지 못하게 된다"라고 하였다. 따라서 하나님의 예정뿐 아니라 하나님의 예견까지도 인간의 자유라는 제단 위에서 희생당했다.

그리고 전체 문제의 결론은 다음과 같은 말로 명확히 말할 수 있다. "하나님과 관계하는 한, 모든 사람들은 생명책(우주적인 은혜; *benevolentia universalis*)에 기록된다. 그러나 이들 모든 사람들 중 누가 이 생명책에 기록된 채 남아 있느냐는 문제는 최종적으로 마지막 날에나 결정되어진다." 그 결과는 사

---

22. Kostlin, i. p. 326.
23. *Christliche Dogmatik*, ii., 1898, p. 146.
24. 반면에, 심지어 Th. Haring *"The Christian Faith,"* E. T. 1913. p. 347은 "하나님께서 세상의 주인이 아니라 하나의 선한, 그러나 무력한 의지, 하나의 도덕적인 정신일 것이라는 어떠한 의심도 모든 신앙의 능력의 뿌리를 파괴한다"라고 말한다.
25. p. 311.

제2장 자력 구원설 *41*

전에 알 수 없고, 심지어 하나님도 알 수 없다는 주장이다.²⁶ 구속을 위해 의지가 동원되는 것으로 충분하지 않다. 따라서 우리는 "죄인이 매우 역동적으로 구속과 함께 협력하지 않는 한" 구속은 있을 수 없으며, 심지어 이것은 "인간 스스로 구속받는 것에 대한 허락"²⁷을 의미하는 것으로 해석할 수 있다고 말할 수 있다. "아무리 하나님의 사랑의 의지와 구원의 권고가 달리 간절하다 하더라도, 만일 인간이 내적으로 자신의 주도권을 가지고 구원하는 손을 꼭 쥐어 회개하고, 자기의 죄를 끊어 버리고 의로운 생활을 영위하는 경험을 함으로써 구속의 결과를 가지지 않는다면, 우리는 구속이 그 목적에 이르지 못하며 결과 없는 것으로 남게 된다"²⁸고 계속해서 말해야만 한다.

그러므로 슈미트는 성령의 구원의 적용에 대해 말하게 될 때,²⁹ 구원받고자 하지 않는 영혼 안에서 구원을 줄 수 있는 어떠한 능력도 성령에게 존재하지 않는다고 주장하는 것이 명백하다. 그는 우리에게 말하기를, "심지어 성령도 본성적으로 인간에게 속한 자유로운 의지에 직면하여서는 아무도 구원받지 못하도록 강요할 수 없다. 성령이라 할지라도, 단지 우리가 우리를 위한 성령의 사역을 방해하지 않고, 외면하지 않고, 반대하지 않는다는 조건하에서만 우리와 함께 성령의 구원하는 목적을 성취할 수 있다. 이 모든 구원의 결과는 우리의 능력 안에 달려 있다. 우리가 성령의 사역을 오용한다면, 성령은 구원과 관련하여 아무런 도움이 되지 않는다(ohnmachtig)······구원받기를 원하지 않는 자는 성령이라 할지라도 도움이 될 수가 없다."³⁰

그러나 자기 주장은 거의 진보할 수 없을 것이다. 그것은 아마도 혼동하고 있

---

26. p. 312.
27. p. 317.
28. p. 317.
29. p. 431.
30. p. 431.

으나 확실히 어느 정도 고함 치고 있는 헨리(W. E. Henley)의 시 구절에서도
역시 마찬가지다.

> 나를 덮는 밤에
> 극에서 극에 이르는 구덩이와 같이 어두운 밤에
> 하나님이 무엇이든 하실 수 있음을 나는 감사드린다
> 나의 정복할 수 없는 영혼을 위해.
>
> 무서운 시련의 환경 속에서
> 나는 움츠러들지도 크게 소리 지르지도 않았다
> 우연이란 폭력적인 억압 밑에서
> 나의 머리는 피투성이가 되었으나 절하지 않았다.
>
> 진노와 슬픔의 이 자리를 넘어서
> 어렴풋이 공포의 그림자가 보인다.
> 그러나 위험의 연수들은 두려워하지 않는 나를
> 발견하고 또 발견할 것이다.
>
> 문제는 그 문이 얼마나 좁은가
> 두루마리에 형벌이 얼마나 채워져 있는가 하는 것이 아니다
> 나는 내 운명의 주인이며
> 나는 내 영혼의 지휘자다.

물론 우리가 펠라기우스주의를 순수한 이교주의라고 칭하지만 않는다면 펠라기우스주의는 부끄러운 것이 아니다. 스코틀랜드의 존경받는 한 목회자는 친근한 찬성을 보내면서 펠라기우스주의를 인용하여 "선택"이라고 하는 큰 주제에 대해 펠라기우스의 정신으로 기록하였다. 그는 펠라기우스주의에 근거하여,

능력이 의무를 제한한다는 펠라기우스주의의 근본적인 원리의 신명 나는 주장을 참으로 직접적으로 지지한다. 즉 "'당신은 해야만 한다'고 말하는 의식 있는 삶은 '내가 할 수 있기 때문에 나는 해야 한다'는 반응을 일으킨다. '할 수 있다'는 것은 얼마나 그 의미가 약화되든 언제나 존재한다"[31]라고 주장한 것이다. 이러한 주장을 보고 펠라기우스는 더 이상 아무 것도 요구할 수 없을 것이다.

지금까지 설명한 이러한 상황으로부터 우리가 추론할 수 있는 사실이 있다. 그것은 개혁 교회들이 비록 루터교가 고백할 수 없었을 때 어거스틴주의의 고백을 보존하였으며, 루터교인들이 자기들의 신인 협력설을 벗어나지 못하였을 때, 개혁 교회들을 괴롭히려고 17세기 초반에 일어난 알미니우스의 반(半)펠라기우스주의를 벗어 버렸지만, 우리 시대에 그와 동일하게 펠라기우스주의화된 개념들이 침투하였다는 사실이다. 그리고 보다 분명한 사실은, 오늘날 우리가 어디에서나, 심지어 개혁 교회들 안에서도, 인간의 독립 사상과 인간 의지는 통제할 수 없으며 그 행위는 예언할 수 없다고 하는 사상에 대한 아주 광범위한 주장들을 만나 볼 수 있게 되었다는 점이다. 이러한 주장이 갈 수 있는 극단들은 포레스트(David W. Forrest) 박사가 그의 불행한 책에서 밝힌 다소 주요하지 않은 소견으로 적절히 설명된다.

포레스트 박사는 분명히 독자로 하여금 잘못 이해하도록 그의 책을 「그리스도의 권위」(1906년)라고 불렀다. 그의 주도하에서 인간의 자유는, 복음적인 신앙의 공통된 원리들뿐만 아니라 하나님의 섭리 그 자체에 대한 모든 신앙까지도 상당히 폐지시킬 정도로 만능이 되어 버렸다. 사실상, 그는 인간에게 완전한 독립을 예약해 주고, 하나님의 모든 주권, 또는 심지어 인간 행위에 대한 하나님의 예지까지도 배제해 버리는 자유로운 행위자의 관점을 채택한 것이었다. 이렇듯 자유로운 행위자들의 행위들을 주관하지 못하는 하나님은 자신을 그 자유

---

31. A. S. Martin, art. *"Election,"* in Hastings' *"Encyc. of Religion and Ethics."* V. 1912. p. 261a.

로운 행위자들에게 계속해서 맞추어야 하는 필연성으로까지 위축되었다. 따라서 하나님은 당신의 우주 안에 당신이 하고자 하는 많은 것이 존재하지 않게 될 것이라는 것을 받아들여야 하게 되었다. 예를 들면, 온통 우연으로 가득 찬 영역이 존재한다. 만일 우리가 위험스런 일을 다른 사람들과 함께 협력하여 하게 된다면, 또는 오락삼아 사격 파티에 나간다면, 우리는 동료 직원의 숙련되지 못한 행위나 부주의한 2급 사수의 마구잡이식 사격으로 죽을 수도 있다. 이 경우에 하나님은 아무 도움이 되지 않으시며, 이 일과 관련하여 하나님께 호소해 본들 아무 소용이 없을 것이다.

포레스트 박사는 말하기를,[32] "하나님이 나쁜 직원 또는 사수가 다른 사람들을 죽이는 것을 막으려면, 단지 그에게서 자기의 진로를 형성하는 그의 자유를 빼앗음으로써만이 가능할 것이다"라고 한다. 한마디로, 자유 행위자의 어떠한 행위에 대해서도 하나님의 주권적인 섭리가 존재하지 않는 것이다. 포레스트 박사는 우리에게 말하기를,[33] 지혜로운 사람은 거의 견딜 수 없을 만큼 악하고 비극적으로 냉혹한 일들이 세상에서 일어나는 사실에 대해 놀라지 않을 것이라고 하면서, 그 이유로 "지혜로운 사람은 시련을 당하고 또 그 시련당함을 통해 배우는 거역으로 말미암아 인간 의지가 하나님에게 도전할 가능성을 인식할 것이기 때문이다"라고 하였다. 하나님의 은혜가 그의 섭리의 결점들에 개입하여 치료할 수 없다는 것이다. 즉, 인간의 자유로운 의지가 중간에 있어서 하나님의 은혜의 사역을 효과적으로 막아내며, 하나님은 인간의 반대하는 마음을 극복할 능력을 갖고 있지 않다는 것이다.

"성령이 마음에 들어오시는 것을 막을 장애물은 없으나, 단 그 마음이 성령을 환영하기를 거절함으로써 만들어지는 장애가 없을 경우에만 그렇다"는 포레스트 박사의 의견은 위대한 신앙 고백을 하는 분위기를 풍기지만,[34] 실상은 오직

---

32. *"The Authority of Christ."* 1906, p. 140.
33. p. 143.
34. p. 349.

제2장 자력 구원설 45

그와는 다른 사실을 말하는 것으로, 즉 마음의 거절이야말로 성령의 들어오심을 막을 수 있는 무적의 장애물이라는 주장인 것이다.[35] 따라서 성령의 왕국이 어떻게 진행되어 갈지는 우리 주님의 상세한 계획 가운데서 예측할 수 없을 것이며, 다만 주님의 마음 가운데서 대략적인 특징만을 개요한 것으로서만 그 예측이 존재해 있을 것이다. 포레스트 박사는 말하기를, "회개가 신적인 요인뿐만 아니라 인간적인 요인도 가진다는 것, 그리고 하나님의 능력 있는 사역들이 인간의 왜곡된 불신앙으로 말미암아 불가능하게 될 수 있다는 것을 하나님은 알았다. 그러므로 세상에서 하나님의 왕국의 상세한 진보 과정은 수수께끼 같은 것이었다……"[36]라고 하였다.

심지어 하나님의 성령이 교회 안에 거하시겠다는 사실이 약속되었음에도 불구하고 교회 안에서조차 하나님의 목적이 실패할 수도 있다는 것이다. 왜냐하면 성령은 교회를 인도하시는 데 실패하지 않으실 것이지만, 교회가 "성령의 인도를 유효하게 할 수 있는 조건들을 갖추는 데 있어서" 실패할 수 있기 때문이라는 것이다.[37] 한마디로 말해서, 포레스트 박사는 하나님을 거의 인간의 지배 하에 두게 하기 위해서 인간을 하나님의 지배로부터 해방시키는 데 이토록 열심이다. 하나님이 창조하신 세상은 그 한계를 뛰어넘어 달아났다. 따라서 하나님

---

35. 유사하게, Lewis F. Stearns, "Present Day Theology," 1890, p. 416은 노골적으로 "한 영혼을 그리스도로부터 떼어낼 수 있는 유일한 능력은 그 영혼 자신의 자유 의지다"라고 선언한다. 이 말은 영혼 자신의 자유 의지가 그 영혼을 그리스도로부터 떼어낼 수 있을 정도로 강한 주장이다. 로마서 8:39를 우리가 믿는다면, 이 주장으로부터 우리가 추론할 수밖에 없는 사실은, 그 자유 의지가 피조된 것이 아니며, 참으로 진리(롬 8:38)를 말하건대, 현실적인 것이든 아니면 미래의 것이든, 그것은 존재하지 않는다는 사실이다. 만일 우리의 자유 의지가 그리스도의 우리에 대한 지배보다 강하다면, 그리스도는 전능하시기 때문에 자유 의지는 전능한 것이며, 따라서 아무도 구원받지 못할 것이다.
36. p. 300.
37. p. 370.

이 할 것은 아무 것도 없고, 다만 하나님은 보이는 대로 세상을 받아들이고 최선을 다해 세상에 자신을 맞추는 것밖에는 할 것이 없다. 카알라일(Thomas Carlyle)은, "나는 우주를 받아들인다"라고 한 마가레트 풀러(Margaret Fuller)의 말을 듣고는, 이 철인(哲人)은 간단히 촌평하기를 "맙소사! 그녀가 우주보다 크구먼"이라고 말했다. 전능하신 주 하나님이 이와 같은 경우란 말인가?

이것이 만일 하나님의 경우라면, 글쎄, 물론 하나님이 인간을 구원하신다는 말은 있을 수 없을 것이다. 이 경우에 적어도 인간이 구원받는다고 한다면, 비록 여기서 "구원"이라는 말이 사용하기에 적절한 용어인지 의문스럽지만, 인간 자신이 "틀림없이 자신을 구원한다"는 것은 분명하다. 우리가 여전히 하나님의 편에서 구원의 계획을 말할 수 있다면 그 계획은 틀림없이 단지 구원의 길을 계속해서 열어 두는 것으로 위축되며, 그 길에서 인간은 자기 운명의 주인으로[38] 그 구원의 길을 가기로 선택할 때 아무런 방해도 받지 않을 수 있다. 진실로, 이러한 구원관이 지금 가장 폭넓은 영역에서 자신 있게 선포되고 있는 "구원"의 개념인 것이다.

이 구원의 개념은 우리 시대에 일어난 새로운 개신교의 전체적인 사상을 출현시킨 중심점인데, 이 새로운 개신교의 사상은 종교 개혁과 그 모든 업적을 중세적인 신앙으로 무시해 버리고, 새로운 세상 곧 인간만이 모든 것의 주님이 되어 지배하는 새로운 세상의 탄생인 계몽주의에 붙어 버렸다. 우리는 이 모든 운동을 "이성주의"라고 부르는 데 익숙해 왔고, 이 운동이 진행해 오면서 베그샤이더(Wegscheider)의 통속적인 이성주의(Rationalismus Vulgaris)에서, 그리고 칸트와 그의 추종자들, 후기 칸트 학파, 그리고 지금은 새로운 개신교에서 이 운동을 말할 수 있을 것인데, 우리는 그것이 최소한 놀랍게도 같은 맥락을 유지해 온 데 대해서 만큼은 칭찬을 해주어야만 한다.

---

38. A. S. Martin, as cited p. 261: "인간의 운명은 그 자신의 손 안에 있다는 전 시대의 거대한 기독 교회의 신조."

칸트와 같은 심오한 사상가들과, 아마도 우리가 이보다 더 영적인 기질을 가졌다고 말할 수 있는 오이켄(Rudolf Eucken)과 같은 사상가들은 인간에게서 선 이외에는 아무 것도 발견할 수 없다는, 즉 말하자면 인간 본성에 대한 깊이 없는 평가를 내릴 수는 없을 것이다. 그러나 아무리 이 사상가들이 인간 본성의 근본적인 악에 대해 인식했다 하더라도, 그러한 인식이 인간 의무의 전 영역에 대해 인간의 능력을 주장하는 고정된 사고의 범주에서 이들을 건져 내지 못하며, 인간의 능력을 어떻게 해석하든지간에 이것은 마찬가지다. "어떻게 본질상 나쁜 사람이 자신을 선한 사람으로 만들 수 있는가는 어떻게 썩은 나무가 좋은 열매를 맺을 수 있느냐에 대한 우리의 사고를 곤란하게 만든다"고 칸트는 외친다.[39]

그러나 그것이 불가능하다는 것을 인지함에도 불구하고, 칸트는 "우리가 할 수 있는 것 그 자체로는 불충분하며, 우리가 할 수 있는 모든 것이 우리 스스로 수수께끼 같은 종류의 보다 나은 도움을 받아야 가능하다 할지라도 우리가 보다 나아질 수 있다는 것은 틀림없이 가능하다"[40]라는 인간의 나약함의 해결 또는 사실상 해결이 되지 못하는 것에 기대를 한다. 자신을 도우려고 애쓰는 인간의 삶을 통하여 나오는, 이 수수께끼 같은 신비스런 능력에 대한 이와 유사한 호소에서 심지어 오이켄조차도 뛰어넘지 못한다. 이와같이 우리의 최근대의 사상도 단지 고대의 펠라기우스주의를, 죄에 대한 깊은 생각이 없이, 그리고 악이 인간에게 가져온 곤궁에 대한 깊은 생각이 없이, 재생시키고 있다. 속죄에 대하여 최근대의 사상은 아무 것도 들으려고 하지 않는다. 그리고 최근대의 사상은 도움의 자리를 마련하는 동안에 틀림없이 영혼 안에 들어와 그 자신의 창조적인 노력의 방침에 응하며 따른다.

---

39. *Religion innerhalb der Grenzen der blossen Vernunft* (*Gesammelte Schriften*, 1907, vi. p. 45.)
40. Do.

아주 깊이 있는 철학을 제외하고는 심지어 이런 것도 실패했다. 그리고 가장 천박한 형태의 펠라기우스주의가 인간의 무능에 대한 모든 느낌에서 철저하게 해방되어 널리 만연하였다. 이 전체적인 관점의 가장 큰 특징은 아마도 이들이 현재 인증하는 것으로서 탕자의 비유 안에서 표현될 수 있는데, 곧 이들은 이 비유를 통해서 복음의 본질과 전체를 구현하고 있는 것이다. 이 비유는 한 죄인이 회개할 때 하늘에서 기뻐한다는 위대한 메시지를 준다는 면에서 귀중한 것이지만, 이 비유가 말해진 목적과 복음을 상징하는 그 본래의 목적에서 왜곡될 때 기독교의 전체 구조를 손상시키는 도구가 된다. 이 비유에는 구속에 대한 언급이 없고, 참으로 그리스도에게 돌릴 수 있는 역할 중 가장 약화된 역할에 있어서조차 그리스도에 대한 언급이 없다.

이 비유에는 창조적인 은혜도 나타나지 않고, 참으로 성령에게 속할 수 있는 사역 중 가장 효력이 없는 어떠한 성령의 사역도 언급되어 있지 않다. 이 비유에는 죄인을 찾으시는 하나님의 사랑에 대한 언급도 없다. 이 비유에서 아버지는 방황하는 아들에게 절대적으로 관심을 두지 않고 단지 홀로 내버려 두며, 분명히 아들에 대한 관심을 느끼지 않는다. 복음에 대한 회화적인(pictorial) 표현으로 생각되는 이 비유의 가르침은 바로 이러한 것이며 그 이상이 아니다. 전적으로 자기 자신의 동기에서 누구든지 일어나 하나님께 돌아가기로 선택할 때, 그는 환호와 함께 영접받을 것이다. 이러한 해석은 확실히 아첨하는 복음이다.

즉, 이러한 해석은, 우리가 언제든지 선택하기만 한다면 일어나 하나님께 갈 수 있으며, 아무도 이에 대해 우리를 괴롭히지 않을 것이라고 인간 자신에게 아첨하고 있는 것이다. 또한 우리가 하나님께 돌아가기로 선택할 때 우리는 멋진 영접을 명령할 수 있으며 난처한 질문을 받지 않는다고 아첨하고 있는 것이다. 그러나 이것이 과연 예수 그리스도의 복음인가? 이러한 해석 - 곧 하늘의 문들은 열려져 있고, 누구든지 자신이 원하는 때에 언제든지 들어갈 수 있다는 그러한 해석 안에 예수 그리스도의 전체 교훈이 요약되어 있는 것인가? 아니다. 그것은 현대 자유주의 신학자들 전체가 우리에게 말하고 있는 내용으로서, 즉 우리 시대의 하르낙과 부세(Bousset) 같은 사람들, 그리고 이들의 셀 수 없는 제자들과 모방자들의 주장인 것이다.

내가 "셀 수 없는" 제자들과 모방자들이라고 말하는 것은, 분명히 이러한 교훈이 세상에 퍼져 있기 때문이다. 샤더(Erich Schader)에게 듣기로, 그가 교수로 생활하는 동안에, 성전에서 기도하는 바리새인과 세리 그리고 탕자의 두 비유의 공연이, 하나님의 용서가 조금도 배경이 되지 아니하고 구속도 필요하지 않다는 의미에서, 긴 시간이든 짧은 시간이든 크고 깊은 감동을 받지 못했던 마음으로 자기 앞에 온 학생은 지금껏 하나도 없었다고 한다.[41] 자유주의 신학자들의 주장은 펠라기우스를 비펠라기우스화한 하나의 펠라기우스주의다. 왜냐하면 펠라기우스는 어느 정도 죄책에 대한 인식을 하였고, 이 죄책을 속죄한다는 면에서 그리스도의 속죄 사역을 약간 인정하였기 때문이다. 그러나 이 신학은 이러한 약간의 인정조차 하지 않는다. 실제로 죄책에 대한 의식이 없이, 그리고 죄로 말미암는 무능력에 대한 최소한의 느낌도 없이, 이 신학은 자기 멋대로 하나님의 용서를, 누구든지 자기 손으로 말미암아 그것을 취하고자 하는 자의 처분에 맡겨 버린다.

이 신학에 담겨진 신관에 대해 혹자는 말하기를, 조금 신랄하기는 하지만 서투르지 않게, "하나님에 대한 가축의 개념"(the domestic animal conception of God)이라고 하였다. 양털을 얻기 위하여 양을 기르고 우유를 얻기 위해 소를 기르듯이, 당신은 용서를 얻기 위해 하나님을 기르고 있는 것이다. 이러한 개념이 뜻하는 바는 고뇌의 침대에서 몸부림 치는 불쌍한 하이네(Heinrich Heine)의 이야기로 완강하게 설명된다. 하이네는 참견을 잘하는 방문객으로부터 죄 용서함을 받을 소망을 갖고 있느냐는 질문을 받고는 위를 힐끗 쳐다보고

---

41. E. Schader, *Uber das Wesen des Christentums und seine modernen Darstellungen*, 1904, quoted by A. schlatter, *Beitrage z. Forderung d. christ. Theologie*, 1904, p. 39.

신랄하게 조롱하는 말로 "왜 아니겠소. 분명히 맞소. 그것이 하나님이 존재하는 목적이니까"라고 대답했다. 그것이 하나님이 존재하는 목적이니까! 현대의 자유주의 신학이 하나님에 대해 생각하는 것은 이와 같은 것이다. 다시 말해서, 이들에게 있어서 하나님은 단지 한 가지 의무만을 가지고 있을 뿐이며, 단지 한 가지 점에서 인간과 관계를 맺는데, 그 한 가지 점이란 바로 하나님은 죄를 용서하기 위해서 존재한다는 것이다.

다소 같은 정신으로, 현대 자유주의 신학의 주장자들이 "복음을 원하는 누구나"라고 부르기 원하는 열정적인 선언이 온 누리에 울려 퍼지고 있는 소리를 우리는 듣는다. 이 선언에서 의도적으로 강조되고 있는 것은 의심의 여지 없이 복음 제공의 보편성이다. 그러나 우리가 구원을 순전히 인간 의지에 매달아 둘 때 우리는 구원이라는 표적을 맞추지 못하는 것은 아닌가? 그리고 만일 이렇게 우리가 한편으로 "원하는 누구나"에게 구원의 문을 열어 둔다면, 다른 한편으로 우리는 구원을 단지 "원하는 누구나"에게만 열어 두는 것이라는 생각을 멈추어서는 안될 것인가? 그리고 죽음과 죄의 이 세상에서 과연 누가 선을 원할 것인가? 내가 말하는 선은, 단지 원하는 선이 아니라 실제로 할 수 있는 선이다. 가시나무에서 포도를 거둘 수 없고 엉겅퀴에서 무화과를 거둘 수 없는 것이 영원한 진리가 아닌가? 또한 좋은 열매를 맺는 나무만이 좋은 나무이며, 반면 나쁜 나무는 항상 어디에서나 나쁜 열매를 맺는 것이 영원한 진리가 아닌가?
한나 무어(Hannah More)의 소설「밀렵자 블랙 길스」에서, 블랙 길스는 우연히 "자신이 회개하기를 원했을 때 회개하기가 어렵다는 것을 깨닫는데" 이러한 경험이 단지 블랙 길스에게만 해당되는 것은 아니다. 보편적으로 "원하지 않는" 세상에서 "원하는 누구에게나" 구원이 있다고 말하는 것은 무익한 것이다. 여기에 진정한 난점이 있는 것이다. 즉 어떻게, 어디에서, 우리는 "그 원함"을 얻을 수 있는가? 다른 이들로 "복음을 원하는 누구나"라는 구호 안에서 기뻐하게 하자. 그러나 자신의 죄인 됨을 아는 죄인, 그리고 죄인 됨이 무엇인가를 아는 죄인에게는 오직 "하나님이 의도하시는"(God will) 복음만이 충족한 것이다. 만일 복음이 죄악된 인간들의 죽은 의지에 맡겨진다면, 그리고 그 이상도 그 이외에도 아무 것도 없다면, 과연 누가 구원받을 수 있겠는가?

특별한 정통 교리를 크게 주장하지는 않지만 상당한 철학적 안목을 가지고 있는 최근의 한 작가가 지적하고 있는 대로, "결정하는 자아와 결정받는 자아는 동일하다." "펠라기우스에 의하면, 사람을 선하게 만드는 자아는 선하게 만들어질 필요가 있는 나쁜 자아다." "질병은 의지가 다스릴 수 있는 우리 자신의 일부분, 곧 의지와는 다른 어떤 것에 있는 것이 아니라 의지 자체 안에 있다. 어떻게 병든 의지가 치료를 해줄 수 있는가?"[42] "문제의 장소는 우리의 의지다. 우리가 하고자 한다면 우리는 선할 수 있을 것이다. 그러나 우리는 하고자 하지도 않으며, 우리가 시작하기를 원하지 않는 한, 즉 이미 소원을 가지고 있지 않는 한 선을 행하려고 시작할 수 없다. '이 사망의 몸에서 누가 나를 건져 내랴 우리 주 예수 그리스도로 말미암아 하나님께 감사하리로다.' 내가 용서받고자 한다면 회개한다고 말한다. 그러나 내가 어떻게 회개할 수 있는가? 나는 단지 악한 것만을 행할 뿐이다. 왜냐하면 나는 악한 것을 좋아하며, 그 악한 것을 좋아하는 것을 끊어 버릴 수 없기 때문이며, 또는 내가 보다 선하게 행하고 있다는 말을 듣게 되고 그리고 심지어 그것이 나에게 더 좋은 것임이 입증될지라도 그보다 나은 것을 좋아할 수 없기 때문이다. 만일 내가 변화될 수 있다면, 어떤 것이 나를 붙들어 주어 나를 변화시켜야 할 것이다."[43]

로제티(Christina G. Rossetti)는 보다 시적으로, 그러나 그에 못지않게 예리하게 "복숭아나무가 떨어진 꽃을 다시 피울 수 있는가?"라고 묻는다.

　　복숭아나무가 어찌 떨어진 꽃을 다시 피울 수 있으며,
　　제비꽃이 어찌 없어진 향기를 회복하며,

---

42. William Temple in "Foundations," 1913, p. 237.
43. Do. p. 256.

더러워진 눈이 어찌 밤 사이에 희게 될 수 있는가?
인간은 이를 이룰 수 없으나 결코 두려워하지 않는다.
문둥병자 나아만은
하나님이 뜻하시고 하실 수 있다는 것을 보여 준다.
그때에 역사하신 하나님은 지금도 역사하고 계신다.
그러므로 당신의 이마에 침울한 표정이 아니라 부끄러움을 드리우라.
그때에 역사하신 하나님은 지금도 역사하고 계신다.

죄인이 신뢰할 수 있는 것은 오직 하나님의 사랑하는 전능과 전능하신 사랑뿐이다. 스펄젼(Charles H. Spurgeon)은 다음과 같이 외친다.[44] "그리스도는 회개하는 자들을 구원하실 정도의 능력만 갖고 계신 것이 아니라 사람들을 회개시킬 수 있는 능력자이시다. 그리스도는 믿는 자들을 하늘로 데려가실 것이나, 더욱이 사람들에게 새로운 마음을 주시고 그 새로운 마음 안에서 믿음의 역사를 일으키는 능력이 있으시다. 그는 능력으로, 거룩함을 미워하는 사람으로 하여금 그것을 사랑하게 하시고, 그 이름을 경멸하는 자로 하여금 그 앞에 무릎을 꿇게 하신다. 이것이 하나님의 능력의 모든 것을 의미하지는 않는다. 왜냐하면 하나님의 능력은 구원 이전과 마찬가지로 구원 이후에도 나타나기 때문이다……하나님은 자기 백성을 거룩하게 하신 후에, 하나님이 이들의 영혼을 천국으로 옮기실 때까지 능력으로 그들을 계속해서 거룩하게 하시며, 경외와 사랑 안에 그들을 보존하신다."

사실이 이와 같지 않았더라면 죄인의 경우는 자포 자기가 되었을 뻔했다. 죄인이 소망할 수 있는 것은 오직 전능하신 은혜 안에 있는 것이다. 왜냐하면 죽은 자를 일으킬 수 있는 것은 오직 전능하신 은혜뿐이기 때문이다. 수많은 죽은 자들 가운데 나팔수를 보내어 "하늘의 문이 열려 있으니 누구든지 원하는 자는

---

44. "Morning by Morning," p. 14.

들어올 수 있다"라고 외치는 것이 무슨 소용이 있단 말인가? 당면한 실제적인 문제는 누가 이 마른 뼈들을 살아나게 할 것인가라는 점이다. 인간 구원에 있어서, 인간으로 하여금 어느 모로나, 심지어 지극히 작은 부분에 이르기까지, 자신을 신뢰하도록 유혹하는 모든 교훈에 반대하여, 기독교는 전적으로 인간을 하나님께 맡긴다. 구원하시는 이, 곧 구원하는 모든 과정에 있어서 구원하시는 이는 하나님, 오직 하나님 한 분뿐이신 것이다. 스펄젼은 적절히 말하기를 "단 한 땀이라도 우리 스스로가 바느질해서 우리 자신의 의의 거룩한 옷을 입어야 한다면, 우리는 구원받지 못할 것이다"라고 하였다.

3
사제주의
(SACERDOTALISM)

보편적인 교회의 일관된 증거는 구원은 하나님으로부터, 곧 오직 하나님 한 분으로부터 말미암는다는 사실이다. 따라서 교회의 모든 분파 안에서 스스로 나타나는 현상으로서, 혹 이런 저런 모양으로, 정도가 심하든 약하든, 똑같이 구원이 인간으로부터 말미암는다고 생각하는 계속된 경향은 전체 교회에 의해 공적인 증언에서 이교적인 잔재로 낙인 찍혔는데, 이 잔재가 아직 그리스도인들임을 고백하고 자신들을 그렇게 부르는 사람들의 생각과 느낌에서 완전히 제거되지는 않았다. 어쨌든, 이러한 경향이 이런 저런 형태로 교회 전반에 걸쳐서 끊임없이 재현되는 것은, 사람들이 순수하게 하나님 한 분에게만 구원의 공로를 돌리는 기독교 사상의 유지에 있어서 느끼는 어려움이 얼마나 큰 것인가를 충분하게 보여 주는 증거다. 그리고 이 어려움은 또 다른 방법으로, 교회의 조직된 증거에서 일어난 크고 광범위한 차이점에 개입되는데, 이는 곧 인간 안에서 구원의 역사를 일으키시는 하나님의 사역의 방법과 관련된 것이다.

구원은 전적으로 하나님께 속해 있으며, 오직 하나님만이 구원하실 수 있다고 선포되지만, 아직껏 교회 대부분에서 가르쳐지고 있는 것은(오늘날에도 대부분의 교회에서 가르쳐지고 있음) 구원 사역에 있어서 하나님은 인간의 영혼에 직접 역사하시는 것이 아니라 간접적으로 역사하신다는 주장이다. 말하자면, 하나님은 세우신 기구를 통하여 간접적으로 역사하신다는 주장으로서, 이 기구를 수단으로 하여 당신의 구원의 은혜를 인간들에게 전달하신다는 것이다. 이 기구들이 집행을 위해 인간의 손에 위임되므로, 인간적인 요인이 하나님의 구원하는 은혜와 이 은혜의 인간 영혼들 안에서의 효과적인 사역 가운데 끼어들었다. 그리고 이 인간적인 요인은 참으로 구원에 있어서 결정적인 요인이 되었다.⁴⁵

이러한 체제는 적절하게 사제주의적 체제라고 불려지는데, 이러한 사제주의적 체제에 반대하여 모든 개신 교회는 모든 개신교의 분파 내에서, 곧 루터 교회와 개혁 교회, 칼빈주의와 알미니우스주의 내에서 강렬히 항거했다. 구원의 순수한 초자연주의를 위하여 모든 개신 교회는 주 하나님 자신이 직접 인간들의 영혼 위에 그의 은혜로써 역사하시며, 어느 한 사람의 구원이라도 같은 인간의 신실함이나 변덕스러움에 맡기지 아니하셨다고 주장했다. 옛 인물 후퍼(John Hooper)의 말에 따르면, 개신 교회는 "마치 하나님의 성령이, 항상 운송 수단이 되는 외적인 성례 없이는 믿음으로 말미암아 참회하고 애통하는 양심에 옮겨질 수 없는 양 인간의 구원을 외적인 성례를 받는 것에 두는"⁴⁶ 허황된 생각을 "불경건한 견해"로 정죄했다. 이러한 "불경건한 견해"에 반대하여 개신교는 영혼의 복이 어떠한 중간 매체 없이 직접적으로 오직 하나님의 은혜에 달려 있다고 주장한다.

---

45. 직접 경험한 George Tyrrell은 "사람들이 줄 수 있고, 마음대로 빼앗을 수 있고, 그리고 채찍으로 사용할 수 있는 성례보다 평화가 더욱 필요하다." ("Life," by Miss Petre, ii. p. 305). 어떠한 말로도 Tyrrell의 해방을 보다 잘 보여 줄 수는 없을 것이다.

46. "An Answer to my Lord of Winchester's Book," 1547, in "Early Writings of Bishop Hooper," Parker Society, p. 129.

제3장 사제주의 57

사제주의 원리는, 철저하게 발전되고 논리적으로 잘 짜여진 로마 교회의 조직에서 완전한 모습으로 설명될 수 있다. 이 조직에 따르면, 주 하나님은 인간을 직접적으로 구원하기를 전혀 바라지 않으시며, 반대로 인간들을 구원하심에 있어서 모든 사역을 교회의 중재를 통하여 하신다. 그리고 하나님은 이 중재의 임무를 행하기에 적절한 능력들을 교회에 부여하신 후, 구원의 전 사역을 교회에 위임하였다.[47] 패터슨(W. P. Paterson) 박사는 이 점에 있어서 로마 교회의 교리를 해설하면서 다음과 같이 말한다.[48]

"로마 가톨릭의 개념에 있어서 기독교의 핵심적인 특징은 그리스도를 대신하는 초자연적인 기구이며, 이 기구가 그리스도의 사역을 수행하며, 구원의 복의

---

47. "전능자는, 마치 보험 회사와 같이, 그것(교회)에게 이러한 우주의 몫에 있어서 구원의 독점의 특권을 주었고, 당신은 손대지 않기로 동의했다"-Winston Churchill 씨가 이를 부적당하게 설명한 대로(*The Inside of the Cup.*" p. 8).

48. "The Rule of Faith," 1912, p. 204 ff. 참고, H. Bavinck, *Het Christendom*, 1912, pp. 33,36에서 로마의 교리 안에서의 교회에 대해 말한 것: "그리스도께서 분배를 위해 자신의 교회에게 위임한 이 모든 과잉의 은혜(그리고 진리). 그 안에서 그 자신은 지상에서 계속 살아 계신다. 그것은 자신의 영구한 성육신이다. 미사 안에서 그는 피 흘리지 않는 방법으로 십자가상에서의 희생을 반복한다. 제사장을 통하여 그는 자신의 은혜를 성례 안에서 전달한다. 교황의 무오한 입을 통하여 그는 자신의 교회를 진리로 인도한다. 교회는 모든 것 위에 구원의 기구이며, 단지 신자들 또는 성도들의 공동체의 모임이 아니라, 먼저 하나님이 지상에서 구원하는 은혜와 진리의 복을 이곳에서 보존하고 분배하기 위해 세우신 초자연적인 기구다. 교리와 삶에 있어서 신자들에게 부족한 무엇이든지, 교회는 그와 같은 것에 머물러 있는다. 왜냐하면 교회는 제사직과 성례에 있어서 핵심을 취하며, 제사직과 성례 안에서 영구히 통일성과 거룩성, 정통성과 사도성의 속성들의 참여자로 남아 있기 때문이다"(p. 33). "오직 교회만이 (마귀와 그의 사자들의) 유혹의 힘을 깨뜨릴 수 있으며, 가장 명확한 방법으로, 즉 교회의 성례로써, 거룩한 행위들로써(축복, 강복식, 귀신 추방), 그리고 거룩한 것들로써(성물, 유품, 수도자의 옷 등) 이를 행한다; 자연적인 것은 교회에 의해 신성시되지 않는 한, 그것은 속된 것으로 남게 되며, 낮은 계급에 속하게 된다"(p. 36).

실질적인 중재자로서 행한다고 말하는 것은 거의 틀린 것이라고 할 수 없다. 교회의 소명과 임무는 구세주의 영속적인 사역 못지않은 것이다. 물론 교회의 임무가 그리스도의 사역을 능가하지는 못한다. 교회의 임무의 전제는 하나님의 영원한 아들 그리스도께서 성육신과 대속적인 죽음으로 교회의 사역의 기초를 세우셨다는 것이며, 궁극적으로 모든 능력과 권위와 은혜는 그리스도로부터 나온다는 것이며, 아울러 그로부터 모든 영적인 복이 나와서, 결과적으로 모든 영광이 그에게 속한다는 사실이다. 그러나 지금 세대에서는 많은 부분에 있어서 교회가 그리스도의 사역을 계승하였다. 실제적인 의미에 있어서, 교회는 그리스도의 구속적인 사명을 계속하고 완수하기 위한 목적으로 그리스도께서 재성육신하신 것이다. 그리스도는 당신의 교회를 통하여 선지자의 직무, 제사장의 직무, 왕의 직무를 계속해서 수행하신다. 교회는 진리를 증거함으로써, 그리고 그리스도 자신의 원래 계시와 동등한 무게와 확실성을 가지는 무오한 권위로 교리를 해석하고 결정함으로써, 한때 성도들에게 계승된 그리스도의 선지자직을 영구히 수행한다.

또한 교회는 지상에서 그리스도를 계승하여 제사장직을 수행한다. 교회는 그리스도를 대신하여, 하나님과 인간 사이에서 중재하는 제사장의 임무를 완전하게 수행하는 바, 곧 예수의 이름 외에는 아무 이름도 사람들에게 주지 않으셨으며 그 이름으로 우리가 구원받는 것처럼, 가견적인 조직 밖에는 언약된 구원이 없으며, 그 가견적인 조직의 머리는 그리스도다. 더 나아가 확신되는 바는, 교회가 그리스도께서 십자가상에서 단번에 드리신 봉헌 미사를 영구히 반복함으로써 제사 드리는 사제로 그리스도를 대신한다는 사실이다. 미사에서 거행되는 이 거룩한 제사에 있어서 '동일한 그리스도가 십자가 제단에서 피 흘리지 않는 방법으로 참여하여 바쳐 드려지며, 이 제사는 참으로 화목케 하는 것이다'라고 가르쳐진다.[49]

그리고 마지막으로 교회는 그리스도의 왕의 권세를 지상에서 행사한다. 교회

---

49. Conc. Trid. Sess. xxii, ch. 2.

는 신앙과 의무의 모든 문제에 있어서, 교회법을 위반한 불순종한 자를 징벌하고, 반역하는 자를 다스리는 권리와 의무를 가지고, 교회의 회원들에게 복종을 요구할 절대적인 권한이 있다."

한마디로 말해서, 이러한 체제의 교회는 지상적인 형태를 취한 예수 그리스도 자신이라고 생각되며, 그러므로 교회는 그리스도인들의 신앙의 가까운 대상으로서 그리스도를 대신한다.[50] 묄러(Mohler)는 말하기를,[51] "유형 교회는, 계속해서 임재하고 영구히 임재하며 영원히 인간의 형태로 인간들 사이에서 젊음을 새롭게 하는 하나님의 아들이다"라고 하였다. 그러므로 사람들은 교회에게 자신들의 구원을 기대해야 한다. 즉, 구원은 교회로부터 말미암으며, 교회의 규례로부터 구원이 인간들에게 전달된다. 한마디로, 구원의 직접적인 근거를 그리스도나 또는 하나님의 은혜로 돌리지 않고 교회에 돌리는 것이다. 단지 "가장 거룩한 교회의 성례를 통하여 모든 참된 공의가 시작되거나, 시작된 공의가 증가되거나, 아니면 상실된 공의가 회복될 수 있다"고 명백히 선언되었다.[52]

한편, 패터슨 박사는 공정하게 다음과 같이 논평한다.[53] "이러한 개념의 근본적인 종교적 결함은 죄인을 하나님의 자비로운 손에 빠져들게 하기보다는 인간의 손 안에 빠져들게 한 것이다. 우리는 구원을 위해 하나님을 바라보며 한 기구에게 보내지는데, 이 기구는 높은 권한에도 불구하고 너무나도 명백하게

---

50. 현대의 로마 교회의 체계에 있어서 교황이 어느 정도 교회의 기능들을 자신에게로 흡수했으며, George Tyrrell이 말한 대로, 분리된 지위에 있어서 지상에서의 그리스도의 대표자 및 대리자가 되는지 우리는 탐구하기를 그치지 않는다. 참고, the "Joint Pastoral of the English Catholic Hierarchy" of Dec. 29, 1900, 그리고 그로부터 야기된 논쟁, 그리고 간단하고 유익한 이야기로서 Petre 양이 "*Life of Tyrrell*", vol. ii, ch. vii, pp. 146-161에서 밝힌 이야기.
51. *Symbolik*, pp. 332, 333.
52. Conc. Trid. Sess. vii, Proem.
53. Op cit., p. 244.

우리 자신과 같은 사람들의 생각에 따라 변화되고 조정된다."

그리고 그는 또다시 다음과 같이 말한다.[54] "로마 교회 체제의 근본적인 오류는, 신적인 만큼 인간적이고 그리고 점점 인간적으로 되어 버린 유형 교회가 하나님과 구세주의 자리에 무모하게 뛰어들었다는 것이다. 그리고 사람들로 하여금 하나님의 구원에 이르는 조건으로서, 인간에게서 비롯된 성직과 교회법에 자신들을 맡기는 불안한 모험을 하도록 요구하는 사실이 보다 깊은 종교적인 통찰력으로 나타났다는 것이다. 영혼의 궁핍은, 하나님의 언약과 거룩한 구세주의 완성된 사역에 대한 중재의 권한과 직무를 가진 불확실한 지상의 기구를 지나서, 하나님의 성령으로 말미암아 내적으로 주어진, 진리와 구원에 대한 보다 확실한 보증을 위해 하나님을 바라보게 하였다는 느낌이 들었다. 간단히 말해서, 개신교의 개혁은 신앙적인 필연성에 의해 참으로 정당화되었는데, 신앙적인 필연성이란 구원의 근거를 순수한 하나님의 기초 위에 두며, 그 기원과 개념에 있어서 매우 인간적인 교회 기구의 필요성을 없앤 것이었다."

사제주의에서 제기되는 문제는, 한마디로 말해서, 우리를 구원하시는 이가 주 하나님이신가, 아니면 하나님의 이름으로 행하고 능력으로 옷 입은 인간들에게 우리가 구원을 기대해야 하는가 하는 점이다. 바로 이 점이 사제주의와 복음주의적인 신앙을 구분하는 쟁점이다.

기구의 사역을 개인의 실제적인 구원으로 간주하는 **사제주의 체제의 본질**은 다음과 같이 말함으로써 바로 표현될 수 있을 것이다. 즉, 하나님은 진실로 사제주의 체제에 따라 모든 사람들이 구원받기를 원하시고(또는 용어로 표현하자면, 선행적인 조건적 의지에 의해 원하시며), 성례 제도와 함께 교회 안에 이들의 구원을 이루기 위한 적절한 성직을 두셨다. 그러나 하나님은 교회의 실제적인 사역과 성례 제도를 제 2 원인의 효력에 위임하셨다. 이 제 2 원인의 효력으로 말미암아 교회와 교회의 성례 제도를 통한 은혜의 적용이 유효하게 되었다. 이러한 제 2 원인의 제도는 제한된 사람들에게 성례를 행하거나 또는 제한된 사

---

54. p. 274.

람들에게는 성례를 금지한다는 그러한 관점에서 세워진 것이 아니며, 반면 이 제도가 세계 통치를 위한 하나님의 전체적인 규정(provision)에 속하는 만큼, 교회와 성례를 통한 하나님의 은혜의 실제적인 분배는 하나님의 은혜로운 의지의 통치 밖에 존재한다.

그러므로 성례를 획득함으로 구원 얻는 사람들, 그리고 성례를 획득하지 못함으로 버림받는 사람들은, 하나님의 지정에 의해서가 아니라 제 2 원인의 자연적인 사역에 의해 구원받거나 아니면 구원받지 못하는 것이다. 제 2 원인의 통제 하에 집행되는 성례를 통하여 그들이 은혜를 받는다는 조건으로 모든 사람들이 구원받아야 한다는 하나님의 선행적인 조건적 의지는, 하나님의 예견하신 자들로서 제 2 원인의 통제하에서 실제로 성례를 받고 그 성례를 통해 전달되는 은혜를 받는 자들의 경우에만 결과적으로 절대적인 구원의 의지로 대체되는 것이다. 따라서 구원하는 은혜의 불공평한 분배의 문제에서 하나님은 모든 책임으로부터 제외된다.

하나님은 선행적인 조건적 의지로는 모든 사람의 구원을 원하셨다. 그럼에도 불구하고 모든 자가 구원받지 못하는 까닭은 그중 얼마가 성례를 통한 필수적인 은혜를 받지 못하는 데 기인한다. 그리고 이들이 성례를 받지 못하여 그 안에서 전달되는 은혜를 받지 못함은 오직 성례의 분배를 위임받은 제 2 원인의 행위, 즉 구원에 대한 하나님의 선행적 의지에서 아주 독립된 전체적인 원인의 사역에 기인한다. 이러한 주장은 사제주의 이론가들의 생각을 만족시키는 듯하다. 그러나 제삼자에게 있어서 사제주의는, 단지 하나님이 구원을 위한 일반적인 성직을 세우시고, 인간들의 구원을 제 2 원인의 전체적인 조직의 사역에 위임하는 것을 의미하는 듯하다. 말하자면, 하나님은 인간들의 구원에 대하여 친히 관계되시기를 거절하고, 구원의 기회를 위해 사람들을 "자연"에 내버려 두신다는 것이다.

이 전반적인 문제에 대하여 예수회의 예리한 저자인 윌리암 험프리(William Humphrey S. J.)[55]는 세례받기 전에 죽은(그러기 때문에 반드시 유기된) 유아들의 특별한 경우와 관련하여 아주 자세히 설명했는데, 이 경우는 분명히 매우 조심스럽게 다루어야 할 특별히 힘든 경우인 것으로 보여진다. 험프리의 설명을 살펴보면 우리가 이해하는 데 도움이 될 것이다. 그는 다음과 같이 말한다.

"사고의 순서는 다음과 같다. 원죄와 그와 함께 인류의 조상이자 시조인 아담의 자유로운 범죄를 통해 오는 온 인류의 오염을 예지하신 결과 하나님은 당신의 자비로써 온 인류를 회복시키기로 뜻하신다. 하나님은 영원 전부터 이 목적을 정하시고 언약하시고, 그리고 때가 차매 인류와 동일한 본성을 입고 성육신한 아들을 보내신다. 하나님은 그리스도이신 성육신한 이 아들이 모든 죄에 대한 보속을 지불하실 것을 뜻하신다. 그리고 하나님은 예견된 이 보속을 받아들이신다. 지정된 때에 그리스도는 실제로 모든 인간의 죄에 대한 보속을 하나님께 드린다. '하나님이 그 아들을 세상에 보내신 것은 저로 말미암아 세상이 구원을 받게 하려 하심이라.' '그는 온 세상의 죄를 속죄하심이라.' 회복된 인류 안에는 모두가 포함되며, 심지어 분별력을 발휘하기 전인 유아기에 죽은 자들도 포함된다. 그러므로 이러한 모든 유아들은 하나님의 구속의 의지에 포함된다. 아들의 보속을 받으시는 하나님의 의지, 그리고 모든 인간의 죄에 대한 보속을 지불하시는 그리스도의 인간으로서의 의지 안에는 또한 모든 유아들에게 오염된 원죄에 대한 보속을 (하나님이) 받으심과 (그리스도가) 지불하심이 포함된다. 그러므로 그리스도의 공로와 피 흘리심을 고려하여 하나님은 이러한 모든 유아들을 위해 성례를 제정하시고, 이 성례의 수단으로 이들 모두에게 그리스도의 공로와 죄에 대한 보속이 적용될 수 있게 된다. 이 모든 규정들은 본질상 하나님이 유아들을 위하여 제정하셨던 것들이다.

"이와 같은 구원의 의지는 단순히 그 의지 자체에 의해 취해진 목적을 위한 자기 도취가 아니며, 이 경우, 구원을 위한 자기 도취가 아니다. 하나님 편에서 이것은 유아들을 구원하려는 능동적이고도 유효한 의지다. 이 구속의 의지는

---

55. "His Divine Majesty," London, 1897, p. 191 ff.

유아들 모두와 각자에게 관계된다.

"하나님은 직접적인 방법이 아닌 제 2 원인의 방법으로써 세례 성례의 적용이 이루어지도록 뜻하신다. 그리고 제 2 원인들을 통하여 절대적인 의지에 의해 모든 유아들에게 적용되는 것이 아니라, 하나님의 보편적이고 통상적인 섭리를 따라 배치된 제 2 원인들이 그 보편적이고 통상적인 섭리하에서 역사하는 조건 하에서 모든 유아들에게 적용되는 것이다.

"이들 제 2 원인들 중에는 맨 먼저 인간의 자유 의지가 있다. 최소한 아주 많은 유아들의 경우에 있어서 성례의 적용은 인간의 자유 의지에 근거한다. 이러한 인간 의지들을 하나님은 당신의 훈계와 권고, 그리고 자연적인 질서와 초자연적인 질서 모두의 도움으로 기대하시고 고취하시고 갖고 싶어하게 하신다. 이렇게 하나님은 관계된 자들의 열심과 갈망을 통하여, 이들의 순종과 받은 은혜와의 협력을 통하여, 협력하는 공로와 선행을 통하여, 자선 행위와 특히 부모들의 기도를 통하여, 그리고 어린이들을 맡아 보호하는 자들의 기도를 통하여, 하나님의 사역자들의 사도적인 수고를 통하여 유아들이 세례의 은혜에 초대되도록 하신다. 자연적인 질서에서와 마찬가지로, 성화와 영원한 구원이라는 초자연적인 질서에 있어서도, 또한 하나님은 다른 인간들을 통하여, 그리고 하나님의 섭리의 일반적인 법칙의 요구에 일치하여 유아들에게 이런 것들을 베풀어 주신다.

"이러한 면에서 하나님의 구원의 의지는, 사람들의 결점으로 구원받지 못하는 많은 유아들의 구원을 최소한 확보하기 위한 사람들의 의지에 따라 이루어진다. 이러한 유아들에 관하여 하나님의 선행적 의지는 이들이 구원받도록 하는 능동적인 의지다. 비록 그것은 절대적인 의지가 아니라, 사람들이 하나님의 의지를 후원할 수 있고 또 해야만 할 때 자기 편에서 후원해야 하는 조건하에 있는 것이지만, 그리고 결과적으로 인간 편에서 그와 반대(후원과 반대) 행위를 하는 때에는 원죄 가운데서 죽는 것을 허용하시고, 이를 예견하시는 경우에 이들 유아들의 구원을 지속적인 의지로써 뜻하지는 않으시지만, 하나님의 선행적인 의지는 능동적인 것이다.

"도덕적인 질서에 속하며 자유로운 인간 의지들 이외에, 또한 물질적인 질서라는 제 2 원인이 있다. 이것은 인간 의지와 같이 자유로운 것이 아니다. 이러한 원인들은 섭리의 공통적이고 통상적인 법칙과 일치하는 가운데 세례의 수여를 가능하게 하거나 또는 불가능하게 한다. 이러한 원인들의 진로와 이 원인들을 지배하는 보편적인 법칙들을 하나님은 결과적으로 원죄에 대하여 지금의 상태 그대로 보존하시고자 한다. 즉, 하나님은 불멸이라는 초자연적 상태를 회복하지 않으셨고, 심지어 그리스도에 의해 인류의 구속이 정해지고 발효된 이후에도 회복하지 않으셨다. 그러므로 이러한 법칙들의 통상적인 진로와 일치하여, 분별력을 발휘하지 못하는 많은 유아들의 죽음이 따른다. 그리고 이 유아들의 죽음은 때때로 인간의 모든 의지의 발휘와 자유로운 활동과 상관없이 일어난다.

"이들 모든 유아들의 구원에 관한 하나님의 선행적인 조건적 의지는 이러한 자연적인 진로의 사건들과 철저하게 일치한다. 하나님이 이들에게 세례를 적용하시는 조건은, 공정하고 지혜롭게 세워진 일반적인 질서가 허용하는 조건이다.

"만일 하나님이 유아들이 원죄 안에서 죽는 결과를 가져오도록 물질적인 원인의 질서를 뜻하셨다면 분명히 하나님에게 이러한 유아들을 구원하고자 하는 의지가 있다고 말할 수 없을 것이다. 그러나 하나님은 이런 결과를 초래하도록 물질적인 질서를 세우지도 않았고, 당신의 의지로써 이 질서를 지시하지도 않는다. 하나님은 이 질서가 다른 결과들을, 곧 가장 현명한 결과들을 초래하기를 원하신다.

"그러므로 하나님은 결과적으로 나타나는 죄 가운데서의 유아들의 죽음을 직접 꾀하지 않으신다. 하나님은 모든 유아들에 대해 물질적인 법칙의 자연적인 요구를 전체적인 질서의 변화에 의해서, 또는 지속적인 기적들을 통해서 방해하기를 원치 아니하는 만큼 이들의 죽음을 다만 허용하실 뿐이다.

"이러한 허용은 단지 하나님 안에 이 유아들의 구원에 대한 절대적인 의지가 없다는 것만을 입증한다. 그러나 하나님 안에 모든 유아들의 구원에 대한 조건적인 의지가 없다는 증거는 어느 모로 보나 존재하지 않는다.

"간단히 말해서, 하나님은 원죄 안에서 죽는 모든 유아들의 구원을 선행적 의지에 의해 원하시되, 당신의 공통적인 섭리와 조화를 이루는 가운데 구원받기를 원하신다. 모든 것을 위해 어떤 목적을 미리 정하시는 공통적인 섭리 안에서 하나님은 그 목적을 달성하기 위한 수단을 궁리하여 준비하시며, 모든 것이 이 수단의 본질과 일치하는 가운데 이 수단을 이용하도록 하신다. 말하자면, 하나님은 자연적이고 필연적인 원인들이 자연적으로 그리고 필연적으로 활동하도록 놔두시며, 불확실한 원인들은 불확실하게 활동하도록 놔두시며, 그리고 자유로운 원인들은 자유롭게 활동하도록 놔두신다."

이것으로 충분하다. 지금 사제주의의 전 체제가 우리 앞에 확실하게 나타나 있으며, 사제주의의 전 체제(앞에서 취급된 특별한 경우로부터 귀납적으로 알 수 있는)는 분명히 바로 이러한 것이다. 즉, 하나님이 모든 인간들의 구원을 위하여 충족한 성직을 두셨으며, 세상에서 이 성직을 통상적으로 진행하는 자연의 지배하에 두셨으며, 그리고 인간들의 실제적인 구원이 이 통상적인 자연의 진행과 일치하여 스스로 이루어지도록 하셨다는 것이다. 이러한 교리는 구원의 계획에 대한 일종의 자연신론의 개념이다. 즉, 하나님은 세상을 지배하는 원인들의 무리들 안에 새로운 일련의 원인들을 삽입시키어 이 원인들이 함께 역사하여 구원을 이루도록 하시며, 그 다음에 이들 두 일련의 원인들의 협력으로 실제적인 결과를 이루어 내도록 하신다.

하나님은 "전체적인 질서가 변하는 것"을 원하지 않으신다. 그리고 하나님은 "계속적인 기적들"로써 전체적인 질서 안에 개입하기를 원하지 않으신다. 하나님은 단지 구원을 실제로 세워진 전체적인 질서에 위임하신다. 이러한 교리는 분명히 기껏해야 개인 구원의 공을 하나님께 돌리되, 하나님에게 속하는 다른 모든 사건, 곧 일반적인 법칙의 작용하에서 일어나는 사건을 하나님으로 말미암아 일어난 것이라고 생각하는 그러한 의미에서 공을 돌리는 것이다. 여기서 이 개인의 구원에는 특별한 초자연주의가 존재하지 않는다. 비록 인간은 세상의 질서 안으로 주입된, 특별히 초자연적인 기구들의 작용에 의해 구원받는 셈이지만, 사실상 초자연주의는 존재하지 않는 것이다. 하나님은 당신의 사역에서 은퇴하시고, 그리고 인간이 만일 구원받는다면, 그는 법칙에 의해 구원받는다.

왜 이 교리에서는 이 사람이 저 사람과 달리 구원받느냐고 묻는다면, 우리는 성례가 이 사람에게는 임했고 저 사람에게는 임하지 않았기 때문이라고 대답해야 한다. 왜 성례가 이 사람에게는 임하지 않고 저 사람에게 임했느냐고 묻는다면, 세계의 통치를 위해 지혜롭고 공정하게 세워진 섭리의 일반적인 질서가 성례를 이 사람에게는 허락하고 저 사람에게는 허락하지 않았기 때문이며, 그리고 자유로운 행위자가 자유롭게 이 경우에는 그 결과에 일치하고 저 경우에는 일치하지 않기 때문이라고 우리는 대답해야 한다. 그리고 이러한 정확한 결과들을 초래하도록 섭리하신 이가 하나님이신지 아닌지 묻는다면, 그에 대해 우리는 "아니다. 섭리의 일반적인 질서가 세상의 지혜로운 통치를 위해 세워졌기 때문이며, 이 구체적인 결과들은 단순히 그에 따라 일어나는 것이다"라고 대답해야 한다. 계속해서 하나님은 보다 나은 결과들을 만들기 위해 당신의 일반적인 섭리를 정돈하실 수 없었는가, 그리고 당신이 원하신 모든 것을 확보하면서도 더욱 많은 숫자의 사람들의 구원과 특히 당신 편에서의 보다 많은 선택을 위해서 세상을 통치할 수 없으셨는가 라고 묻는다면, 우리는 침묵해야 한다. 왜냐하면 여기에는 하나님의 행위들이 하나님이 설정한 기구들의 사역에 명백하게 종속되기 때문이다. 즉, 하나님은 사역에 있어서 제 2 원인들에 명백히 종속되신다. 또는 달리 표현하자면, 구원의 문제에 있어서 인간은 하나님의 직접적인 통치로부터 명백히 제외되어 있고, 대신 기구의 허약한 자비에 맡겨져 있다.

사제주의에 관한 기독교의 변명은 불행히도 우리 시대에 있어서는 개신교-정확히 구원의 문제에 있어서 교회에 대한 의존으로부터 탈출하여 하나님 한 분에게만 의존할 수 있었던 교회-가 빠져 나온 개혁되지 않은 옛 교회에 국한되지 않는다. 영국의 큰 개신교회 내에서 아주 영향력 있는(아마도 현재는 가장 영향력 있고 분명히 방관자에게는 가장 눈에 띄는) 교단과 그 다음으로 영향력이 있는, 그 자(子)교회 내에 있는 교단은 다소 완전한 표현과 주저함 없는 주장으로 사제주의를 되살아나게 했다.

요즈음 성공회 저자들로부터 듣는 말은, 사람들이 구원을 위하여 하나님께 맡겨지기보다는 교회에 맡겨진다는 말이 일반적이며, 그리고 사람들이 "성육신의 확장"[56]으로서 정의된 교회를 소유하는 것이 일반적이다. 영국의 영향력있는 성직자[57]로부터 다음과 같은 확신에 찬 말을 우리는 듣는다. "조심스럽게 생각하고 성육신을 믿는 누구에게나 거룩한 머리와 연합된 교회, 곧 그리스도의 몸은 단지 교회의 주를 위해 말하기 위해서 뿐만 아니라 개인의 영혼에게 은혜를 유효하게 적용하기 위해서 '설립되었으며', 그 은혜는 우리의 송축할 구세주께서 교회를 위해 획득한 것으로, 이는 그 몸(교회) 안에 머물고 있는데, 그 이유는 계속적으로 머리에 연합되어 있기 때문이다." 사제주의의 전 교리는 이 진술에 함축되었다.

다웰 스톤(Darwell Stone) 씨는 우리에게 말하기를,[58] 교회는 가견적인 사회요, 요한복음 1:17에 표현된 주님의 사역과 일치하는 이중적인 사역으로서, "은혜와 진리는 예수 그리스도로 말미암아 온 것이라", 곧 "세상에서 그의 몸과 기관인 교회는 진리의 교사이자 은혜의 창고다"라고 했다. 그는 덧붙여서 설명하길[59] "기독 교회의 창조의 날인 오순절 이래로 하나님이 사람의 영혼에 은혜를 수여하시는 통상적인 수단은, 우리 주님의 영화된 인간성과 성령 하나님의 사역을 통해서이다. 그리스도의 영화된 인간성과 가장 밀접하게 연합된 수단들

---

56. J. Armitage Robinson 박사는 현대의 성공회 교인들에게 에베소서 1:23을 "교회는 모든 것의 모든 것이 충만하여지고 있는 그의 완성이다"라고 번역하여 가르쳤다: 그리고 사제주의 경향을 지닌 자들은 전체 안에서의 이러한 본문의 이해를 이용하는 데 주저하지 않았다. 참고, W. Temple in "Foundation," 1912, pp. 340, 359.
57. W. J. Knox Little, "Sacerdotalism." 1894, pp. 46, 47.
58. "Outlines of Christian Dogma," 1900, pp. 107, 123.
59. p. 149.

과 성령 하나님과 가장 직접적으로 교통하는 양식은, 그리스도의 신비스런 몸, 곧 교회 안에 있으며, 아울러 이것은 성례의 시행 안에서 사람들에게 열려져 있다. 따라서 기독교회는 은혜의 통로다." 스톤 씨는 이것을 시작으로 하여 계속해서, 로마 교회의 전형적인 해설과 분간할 수 없는 입장으로 사제주의 교리를 설명한다.

그러나 우리는 한 경건한 미국 사람에게 개신교 감독 교회에서 교육된 사제주의 교리를 우리에게 설명하도록 요구한다.[60] 우리는 모티머(A. G. Mortimer) 박사의 「가톨릭의 신앙과 의식」(Catholic Faith and Practice)이라는 책에서 다음과 같은 말을 읽을 수 있다. "하나님의 사랑의 목적이 성취될 수 있기 전에 타락한 그는 반드시 구속되며, 자신의 굴레에서 벗어나 자신의 죄로부터 건짐을 받으며, 다시 한 번 하나님과 재연합함으로써 자신의 연약한 본성 안에서 거룩한 삶이 다시금 흐를 수 있게 된다"(p. 65). "자신의 삶과 죽음으로써 그리스도는 모든 사람들의 죄에 대한 보속을 치렀으며, 이 보속은 온 인류에게 충족하다. 왜냐하면 구속을 통하여 충족한 은혜가 구원을 위해 모든 영혼에게 주어지기 때문이다. 그러나 은혜는 충족하지만, 이것이 무시된다면 소용 없게 된다"(p. 82).[61]

"성육신과 구속은 오직 한 혈통으로서의 인간성에 작용하였다.[62] 그러므로 혈통이 더럽혀진 개인들에게, 그들(성육신과 구속)로부터 흘러 나온, 값으로

---

60. A. G. Mortimer, "Catholic Faith and Practice," 1897, i, pp. 65, 82, 84, 100, 114, 120, 122, 127, 참고, 130.

61. 참고, p. 130. : "그리스도의 성육신과 구속으로써 인간 본성은 온전히 하나님 안으로 취해졌고 온전히 구원받았다. 그러나"—마치 이후에 어떠한 "그러나"가 있을 수 있는 양!

62. 질문: 인류를 구성하고 있는 개인들과 상관없는 그러한 "인류"가 있는가? 어찌 성화와 구속이 "인류"에게 작용하며, 옛날 그대로의 인류를 구성하고 있는 개인들을 그대로 둘 수 있는가?

제3장 사제주의 69

살 수 없는 은사들을 전달하기 위해서는 몇 가지 수단들이 필요했으며, 이러한 수단들은 주님께서 지상에 계셨을 때뿐만 아니라 세상 끝까지 필요하다. 그러므로 이러한 필요성을 위하여 우리 주님은 교회를 창립하셨다"(p. 84). "따라서 교회는 살아 있는 대리자가 되었고, 그리스도로부터 흘러 나온 은혜와 복들이 그것들을 사용할 각 개인의 영혼에게 그에 의해 베풀어졌다"(p. 84).

"교회는 진리의 교사와 도덕의 안내자일 뿐 아니라, 우리로 하여금 율법을 성취할 수 있게 하는 은혜의 시여자인 것을 주장한다"(p. 100). "그 은혜의 시여자는 홀로, 사람으로 하여금 참된 것을 믿게 하고, 의로운 것을 행할 수 있게 하고, 그의 참된 목적을 달성하게 하고, 여기서 만족스럽게 하나님을 섬길 수 있게 하며, 그리고 이후부터 하나님과 함께 행복하게 살 수 있게 할 수 있다"(p. 114). "은혜의 주된 수단은 성례다"(p. 120). "이 수단들은 영적 은사가 우리의 영혼에 전달되는 통로다……그러므로 기독교 성례들은 단지 은혜를 나타내는 것이 아니라, 실제로 은혜를 시여한다. 그러므로 이 성례들은 은혜의 '효과적인' 표지라고 불려진다. 그 행위는 (사제의) 의식을 통해서(*ex opere operato*; 성례의 객관적 양식을 가리키는 말로, 집행자나 수혜자의 주관적인 성격을 배제하고 단지 객관적인 양식을 통해서만 은혜가 수여된다는 의미의 말;역자 주)이다"(p. 122).

"세례는 구원에 절대적으로 필수적이다. 왜냐하면 한 인격이 태어나지 않은 생명을 가질 수 없기 때문이다. 이것은 '중보의 필연성'(*necessitas medii*)이라고 불려진다. 왜냐하면 세례는 초자연적인 생명이 영혼에게 주어지는 수단이며, 개인이 그리스도 안에 연합되는 수단이기 때문이다." "(성체의) 도움 없이 구원은 사실상 불가능하리만큼 달성하기 어려울 것이다"(p. 127). 여기에 분명히 로마 교회의 사제주의와 똑같은 사제주의가 존재하며, 참으로 이러한 진술은 단지 로마 교회의 사제주의를 본딴 것이다. 교회는 은혜의 근원이신 하나님의 성령의 자리를 차지했으며, 구원을 적용하는 데 있어서 거룩한 성령의 사역은 낮게 평가되었고, 의식을 통한 교회의 사역에 종속하게 되었다. 따라서 영혼은 하나님에 대한 직접적인 의존으로부터 떠나며, 교회에게로 나아와 교회로부터 직접 모든 은혜를 받는 것을 기대하도록 교육된다.

수정되어 훨씬 부드러워진 형태의 사제주의는 고백적인 루터교 안에 내재한다. 이러한 사제주의는 루터교 사상의 어느 단계에서 다소 현저한 부상을 계속하여 루터교 안에서도 상당한 하나의 교단을 형성한다. 이것은 칼빈주의와 구별되는 가운데 "보수적인 개혁"[63]을 대표하는 루터교의 자랑이 되어 왔다. 저 입장(로마 교회)에서처럼 이 입장(고백적인 루터교)에서도 마찬가지로, 고백적인 교리 안에 옛 교회의 가르침의 특징을 보이는 사제주의의 본질을 혼합시킨 이러한 자랑이 정당화되었다. 로마 교회와 같이 고백적인 루터 교회는, 구원의 은혜가 은혜의 수단들 안에서 사람들에게 전달되며, 그 은혜의 수단들이 아니라면 은혜는 전달되지 않는다고 가르친다. 그러나 루터교는 옛 교회로부터 계승한 사제주의적 가르침을 확실히 수정하며, 이러한 수정들은 전 체제를 바꾸어 놓을 만큼 광범위한 특성을 띤다.

우리는 일반적으로 루터교의 사제주의 안에서 가톨릭 사제주의의 핵심의 핵심(*cor cordis*)이 되는 "그 교회"에 대해 많은 말을 듣지 못한다. 그 대신 우리가 듣는 것은 "은혜의 수단"이라는 말이다. 이 "은혜의 수단" 가운데서 주된 강조점은, 성례에 두어지지 않고 주된 "은혜의 수단"으로 정의된 "말씀"에 두어진다. 그리고 은혜의 수단들은 의식을 통해서(*ex opere operato*) 나타나지 않으며, 은혜의 수단들은 단지 계속해서 믿음을 가질 때 효력이 있다고 선포되었다. 나는 이러한 주장이 일관된 것이라고 말하지 않는다. 사실에 있어서 이러한 주장 안에는 모순이 배어 있는 것이다.

구원하는 은혜의 사역을 은혜의 수단들, 말하자면 말씀과 성례에 국한시킴으로써, 결과적으로 죄인과 그의 하나님 사이에 은혜의 수단을 삽입하는 것은 충분히 여전히 사제주의적인 것이 된다. 그러므로 사제주의의 핵심적인 악이 이 주장 안에서도 완전한 모습으로 나타난다. 그리고 이러한 주장이 완전히 작용

---

63. Title of a volume of Lutheran polemics by the late Dr. C. P. Krauth.

하는 어디에서나 사람들이 은혜의 수단들을 높이고, 모든 은혜로운 사역들을 행하시는 참된 행위자, 곧 성령 자신을 다소 잊어버리는 것을 볼 수 있다. 이러한 주장에서는, 은혜의 수단들과 기구들이 함께 병합되며 오직 이를 통해서만 이 성령이 역사하실 수 있다고 여겨지는 것이다. 그러므로 참으로 신앙적인 관심에서 개혁 교회가 루터교에 대립하여 힘주어 주장하는 것은, 성령 하나님께서 은혜의 수단들을 통해서 사람들의 마음 가운데 은혜를 베푸시는 만큼 은혜의 수단들은 중요한 것이며, 아울러 성령에 의해 존중되고 있으므로 우리도 이것들을 존중해야 하지만, 무엇보다도 이들을 통해 베푸시는 은혜는 성령께서 그들로부터 베푸시는 것이 아니라 직접적으로 자신으로부터(*extrinsecus accedens*) 베푸시는 것이라는 사실이다.

우리가 만일 사제주의 교리가 반드시 미치는 신앙적인 유익에 대한 해를 정확히 판단하기 원한다면, 우리는 사제주의 교리의 세 가지 작용의 양상들을 분명하게 마음에 새겨 두어야만 한다. 이러한 작용의 양상들은 이미 다소 명백하게 암시되었으나, 정식으로 함께 이들에 대해 특별히 주목을 하는 것이 바람직할 듯하다.

첫째, 사제주의적인 교리는 영혼으로 하여금 모든 은혜로운 사역들의 근원이신 성령 하나님과의 직접적인 관계를 맺지 못하게 하고, 그에 대해 신뢰하지 못하도록 만든다. 그것은 영혼과 모든 은혜의 근원 사이에 일단의 기구들을 삽입하여 영혼으로 하여금 그 기구들을 의지하도록 유혹한다. 이렇게 하여 이 교리는 그 영혼을 하나의 기계적인 구원 개념에 팔아넘긴다. 그리고 은혜의 수단인 교회는 그리스도인의 사고 속에서 성령 하나님의 자리를 차지하고, 따라서 그리스도인은 하나님과의 의식 있는 직접적인 교제로부터 오는 모든 기쁨을 상실한다. 우리가 의식적(意識的)으로 은혜의 수단들을 의지하느냐, 아니면 주 하나님께서 인격적으로 우리 영혼에 임재하셔서 당신의 사랑하시는 은혜 안에서 구원을 베푸심을 체험할 수 있는 것으로 주 하나님 자신을 의지하느냐 하는 것은, 신앙 생활에 있어서, 그리고 신앙적인 소망의 위로와 보증에 있어서 전혀 다른 내용을 초래하는 것이다.

　은혜의 수단들을 의지함으로써 형성된 것과, 인격적인 구세주이신 성령 하나님과 의식적인 교제를 함으로써 형성된 이 두 형태의 경건은 전혀 다른 것이며, 생명 있는 신앙이라는 관점에서 볼 때 그 차이는 사제주의에 긍정적이지 못하다. 그러므로 개신교의 정신이 사제주의를 거부하는 것은 생명 있는 신앙을 위한 것이다. 이러한 거부는 복음주의의 진수를 포함하고 있다. 정확히 복음주의적인 신앙이 의미하는 것은, 영혼이 직접 하나님을 의지하고, 구원을 위해 오직 하나님만을 의지하는 것을 말한다.

　둘째, 사제주의는 성령 하나님의 인격을 완전히 무시하는 가운데 모든 은혜의 근원으로 취급하는데, 그가 원하는 때, 원하는 곳에서, 원하는 방법으로 역사하는 것이 아니고, 일률적으로 그의 사역이 허락되는 곳에서 사역하는 마치 자연적인 세력인 양 취급한다. 사제주의는 교회를 "구원의 기구"(institute of salvation)라고 말하며, 또는 심지어 "구원의 창고"라고 말하는데, 이는 구원이 필요할 때마다 이용할 수 있도록 저장될 수 있는 어떤 것으로 말하는, 분명히 완전한 의식 불명의 말이다. 이러한 개념은 전기를 축적하는 물체, 말하자면 언제든지 전기를 끌어다 쓸 수 있는 라이든병과 본질적으로 다를 바 없는 개념이다.

　그 자체의 표현의 양식하에서 단지 터놓고 이야기함으로써 그 개념이 암시될 수 있다는 것은 얼마나 무서운 일인가! 이것은 구원하는 은혜, 곧 성령 하나님이 항상 따라질 수 있는 준비가 되어 있어서, 이 은혜가 요구될 때 교회가 하려고 하면 언제든지 사용될 수 있다고 말하는 것과 같은 것이다. 성령 하나님의 사역을 비인격적인 자연적인 세력의 행위 형태로 생각하는 이단만큼 상스러운 이단은 없다고 말해도 과언은 아닐 것이다. 그런데 실은 이러한 사고가 사제주의 교리의 밑바닥에 깔려 있는 개념인 것은 아주 분명하다. 은혜의 수단인 교회가 그 수단 안에 성령을 구원을 베푸는 능력으로서 포함하고 있으며, 그 능력은 그것-우리가 거의 그(성령을 가리키는 대명사)라고 말할 수 없음-이 사용되는 때에 사용되는 곳에서 작용한다.

그리고 셋째, 사제주의는 명백히 성령의 은혜로운 사역에 있어서 사람들의 지배에 대한 성령의 복종을 수반한다. 성경에 기술되어 있는 것과 같이, 그리고 건전한 신앙적인 개념에서 생각되는 바와 같이, 교회와 성례, 곧 은혜의 수단들은 성령께서 구원을 이루시는 가운데 사용하시는 도구로 생각되어야 하는데도, 그 대신에 오히려 성령이 은혜의 수단인 교회가 구원을 이루는 가운데 사용하는 도구가 된다. 주도권은 은혜의 수단인 교회에 있으며, 성령은 은혜의 수단의 처리에 맡겨진다. 성령은 은혜의 수단이 그를 전하는 곳에 가신다. 성령은 은혜의 수단이 그의 사역을 허락하시는 때에 사역하신다. 따라서 성령의 사역은 이 수단들의 허락을 기다리며, 이들의 지시와 지배와 동떨어져서는 성령은 구원을 베푸실 수 없다. 말할 필요도 없이 사제주의는 성령의 사역의 양태를 모욕하는 개념이다. 이러한 개념은 그 용어의 어떠한 가치 있는 의미로도, 인격적인 하나님과의 인격적인 관계를 의미하는 종교와 유사하지 않으며, 반면에 마술과 비슷한 것이다. 근본에 있어서, 사제주의는 하나님의 사역들을, 자신의 목적을 위해 하나님을 사용하는 인간의 처분에 맡겨진 것으로 생각한다. 그리고 하나님께서 당신의 목적을 위해 인간을 사용하시는 분으로 사고되어야 한다는 생각을 완전히 잊어버린다.

복음주의가 사제주의 일체를 거부하고 모든 구원의 도구들로부터 돌이켜서 인격적인 영혼의 구세주만을 신뢰하는 것은, 바로 이 모든 것으로부터 빠져나와, 우리의 은혜로우신 구세주와 우리의 인격적인 주님과 우리의 거룩한 통치자와 지도자로서 의지하는 가운데 성령 하나님께로 겸손히 돌아가는 것이다.

4
보편 구원론
(UNIVERSALISM)

복음주의의 요지는 조직된 개신교 전체에 의해 공식적으로 공포되었다. 말하자면, 모든 개신교의 대교단들은 공식적인 고백의 형태 안에서 합심하여, 죄인이 구원을 위해 오직 하나님 한 분을 온전히 의지해야 함을 고백하고, 인격자로서 활동하시고 죄인의 마음에 직접 역사하시는 성령에 대해 직접 의지해야 한다고 생각한다. 이것이 바로 개신 교회들의 경건의 특성을 결정하는 복음주의적인 요지다. 이 경건의 특색은, 영혼이 직접적인 사랑과 신뢰를 가지고 의지하는 구세주 하나님과의 친밀한 인격적인 교제에 대한 심오한 의식(意識)이다. 분명히 이 경건은 철저하게 개인적이며, 경건의 유지를 위하여 하나님께서 직접적으로 그 영혼 자체를 위해 각각의 죄악된 영혼을 대하신다는 강한 확신에 의존한다.

그럼에도 불구하고, 참으로 모든 복음주의적인 경건을 특징 짓는 이 개인 구원론적 의견을 이상하게 반대하는 가운데, 구원을 원하시는 하나님의 사역들을 개인 구원론적으로가 아닌 보편 구원론적으로 해석하려는 경향이 개신교 안에

널리 퍼져 있다. 이들은 한마디로, 하나님이 죄인의 구원을 원하시되, 개개인의 사람들이 구원받는 것이 아니라 모든 사람들이 차별이 없이 똑같이 구원받기를 원하신다고 주장한다. 이 주장이 바로 우리가 복음주의적인 알미니우스주의로 알고 있는 교단과 복음주의적인 루터교의 논지이며, 아울러 많은 이름하에 많은 공동체 안에서 모인 개신교의 대교단의 열렬한 확신이다.

    표면상, 주 하나님 한 분께서 마음에 직접 은혜를 베푸심으로써 구원을 행하신다면(복음주의의 고백의 핵심이다), 그리고 하나님께서 구원하기를 원하시는 모든 자를 똑같이 구원하신다면(보편 구원설의 논지의 골자다), 물론 그렇다면, 모든 사람들이 예외 없이 구원받는 것이 틀림없다. 이러한 결론은 단지 이런 저런 가정된 전제들의 이런 저런 설득력을 약화시킴으로써 피할 수 있을 것이다. 그 어느 전제를 부인하는 경우든, 하나님 한 분이 홀로 구원을 행사하시는 것이 아니며, 실제적인 구원의 기쁨은 결정적인 순간에 인간 안에 있는 어떤 것, 또는 인간에 의해 행해진 어떤 것에 달려 있다고 주장되어야 한다(그렇다면 우리는 복음주의에서, 자력 구원의 단순한 자연주의로 빠진 셈이다).

    그렇지 않다면, 구원을 원하시는 하나님의 은혜로운 사역들은 결국 그 사역에 있어서 절대적으로 보편적인 것이 아니라고 주장되어야 한다(그렇다면 우리는 우리의 가정적 보편 구원설로부터 빠져 나온 것이다). 이것도 아니면 우리는 반드시 모든 사람들이 구원받는 것을 허락해야만 한다. 철저한 복음주의와 철저한 보편 구원주의가 공존할 수 있는 단 하나의 조건은, 예외 없이 하나님의 전능하신 은혜에 의한 모든 사람들의 구원을 우리가 주장할 준비가 되어 있어야만 한다는 것이다.

    따라서 이러한 복음주의적 범주 안에는, 구원을 위해서 죄인이 하나님을 완전히 의지해야 한다는 생각이 견고하고 유효한 것을 조건으로 하여, 철저한 제한 구원론을 은혜를 베푸시는 하나님에게 돌리는 것에서 다소 후퇴하여, 모든 사람들의 실제적인 구원을 가정하는 경향이 항상 존재하여 왔다. 1567년 2월 24일에 데브레첸에서 열린 대회의 종합적인 고백과 결론(Summa Confessionis et Conclusionum)에 포함된 것으로 오류로 정죄된 것들 가운데서,

"보편적 예정"(Holo-praedestinarii)이라고 불리는 것과 반대되는 구절을 발견할 수 있는데, 그것은 다음과 같다.⁶⁴

"성경은 이러한 이유들에 의해, 보편적인 예정, 즉 온 세상은 선택되었고 보편적인 예정은 보편적인 언약에 따르는 것이라고 생각하는 사람들을 반박한다. 그리고 예정은 소수에게 속하며, 제한적이며, 선택된 자의 숫자는 정해져 있으며, 이들의 명단은 이들의 머리카락 숫자까지 확장된다고 가르친다. 왜냐하면 '너희에게는 머리털까지 다 세신 바 되었기' 때문이다. 그러나 이 교리로부터 하나님이 편파적이시며 차별 대우 하시는 분이라는 사실은 전혀 나올 수 없다." 이 16세기의 보편 예정론자들이 누구였는지 우리는 깊이 조사하지 않았다.⁶⁴ᵃ 그러나 확실히 그때로부터 지금까지, "편협함과 사람에 대한 차별 대우"라는

---

64. E. F. Karl Muller, *Die Bekenntnischriften der reformirten Kirche*, 1903, p. 451.

64a. 1547년에 출생하여 1624년에 사망한 Samuel Huber는 1592-1595년에 Wittenburg의 교수로서 그 다음 세대 동안 "보편 예정론"의 기준례였다. 그러나 이 "보편 구원론의 처참한 순교"에 대한 관련된 가르침은 불과 몽펠가르 회의(1586년)와 관련하여 시작되었던 것 같다. 그에 대한 유익한 설명은 A. Schweitzer, *Die protestantischen Centraldogmen*, 1854, i, pp. 501ff에서 발견된다; 또한 Herzog 사전 안에 있는 G. Muller의 기사를 보라. 루터의 「노예 의지론」(*De Servo Arbitrio*) 판은 1591년 Palatinate의 Neustadt에서 발행되었는데, 이것은 하나님께서 모든 사람을 동등하게 선택했고 개인별로 특별한 선택을 하지 않았다는 신펠라기우스주의의 주장을 반대하기 위한 것이었다(Die Lehre vom freien Willen, C. E. Luthardt, 1863, p. 122, note). 이 문제가 17세기 교리학자들에게 어떻게 다루어졌는지는 Hollaz, *Exam. Theolog. Acroma*. 1741, p. 643, 또는 in Quenstedt, *Theologia Didactico-Polemica*, 1715, ii, p. 72에서 볼 수 있다. Quenstedt는 우리에게 말하기를, Sebastian Castalio는 보편적 선택의 오류의 창안자였으며, 그 뒤를 Samuel Huber가 이었는데, 그는 터무니없게도 "하나님이 어떠한 신앙과도 관계없이 모든 사람들을 실제로, 적절하게, 그리고 명백하게 구원에 선택했을 정도로 선택은 보편적이다"라고 가르쳤다고 한다. 그는 또한, Huber는 추종자들이 없었으며, 그의 오류는 사멸했다고 덧붙인다.

비난으로부터 하나님을 보호하기 위해, 하나님이 모든 사람들을 구원에 선택하셨으며 하나님의 전능하신 은혜를 통해 그들 모두를 그 복된 목표로 인도하신다고 주장하게 된 사람들이 적지 않았다.

최근에 아마도 이러한 경향의 가장 교훈적인 경우들이 우리 시대에 속하는 스코틀랜드 교회의 두 신학자들에 의해 제시되는데, 이들의 이름은 글래스고우 대학의 신학 교수였던 헤이스티(William Hastie)와 현재 에딘버러 대학의 신학부 학장이자 찰머스와 프린트의 석좌 교수로 있는 패터슨(William P. Paterson)이다. 헤이스티 박사는 그의 훌륭한 강의인 「근본적인 원리에 있어서의 개혁 교회의 신학」(*The Theology of the Reformed Churches in its Fundamental Principles*)에서 "나에게 있어서 영원한 소망의 말씀은 개혁 신학의 최근의 메시지인 듯하다"[65]라고 말한다. 그리고 패터슨 박사는 이 암시를 취해서 「신앙의 법칙」(The Rule of Faith)[66]이라는 그의 강의에 포함된 "개혁 교회의 증거"(The Testimony of the Reformed Churches)라는 장에서 이를 확대 설명한다. 패터슨 박사는, 칼빈주의가 한편에서의 "영벌 교리"와 다른 편에서의 "선택과 불가항력적인 교리"에 있어서 "상호간 반발하는" 요소를 그 자체 내에 내포하고 있다고 생각한다.

"유기 교리에 의해" 일부를 영벌에 처하는 "책임을 하나님께 돌리는 것을 우리의 사고가 거부할 때", 이(유기 교리)를 "알미니우스주의 또는 반(半)알미니우스주의라는 사고의 양식" 안으로 도피시킴으로써 갈등은 의심할 여지 없이 해결될 수 있다. 그러나 이 해결은 사고의 균형을 포기하고, 기독교의 핵심인 복음적인 원리에 대한 충성으로부터 돌이키는 너무나도 값비싼 대가를 치르고서 얻어질 수 있을 것이다. 패터슨 박사에 따르면, 영벌 교리를 던져 버리고 "유기를 특권과 영적인 성취의 일시적인 결핍으로 해결하는 것" 이외에 다른 방법

---

[65]. Edinburgh 1904, p. 282.
[66]. London and New York, 1912, pp. 310-313.

이 남아 있지 않다. 그리고 그는 다소 자기 도취에 빠져 논평하기를, "칼빈주의가 주로 준엄하고 냉혹한 영벌 교리와 동일시됨으로 인하여 인기가 없는 반면, 칼빈주의는 보편적인 회복의 이론을 신뢰하게 할 수 있는 원리들—선택과 불가항력적인 은혜의 교리들—을 가지고 있는 유일한 체제다"라고 하였다.

패터슨 박사가 마지막에 한 말은 충분히 옳은 말이다. 그러나 이 말이 참된 유일한 이유는, 바르게 인식된 칼빈주의가 선택의 교리와 불가항력적인 은혜의 교리와 함께 어떠한 죄인의 구원도 믿게 할 수 있는 유일한 체제이기 때문이다. 즉, 이러한 교리들 안에서만이 순수하게 복음적인 원리들, 곧 구원은 오직 하나님의 은혜의 직접적인 사역 안에서 하나님 한 분으로부터 말미암는다는 복음적인 원리들이 구현되기 때문이다. 하나님의 말로 할 수 없는 자비 안에서 이 은혜가 일부 사람들에게만 허락되느냐 아니면 모든 사람들에게 베풀어지느냐 하는 것은, 칼빈주의 자체의 근거 위에서 결정되어야 할 또 다른 문제인 것이다. 그리고 이 문제는 하나님의 자비가 모든 사람들에게 똑같이 베풀어져야 한다는 단순한 가정으로써 쉽게 해결될 수 있는 문제가 아니다. 왜냐하면 그렇지 않을 경우 모든 사람들이 구원받을 수 없기 때문이다. 이러한 가정의 근본적인 전제는 다름 아니라 하나님께서 모든 사람들을 구원해야 할 책임이 있느냐 하는 것, 말하자면 죄가 실제로 죄가 아니고, 나쁜 행실이라기보다는 불행으로 생각될 수 있느냐 하는 것이다.

죄에 대한 이러한 낮은(낙관적인) 전망은 실제로 이 점에 있어서 패터슨 박사의 사고의 전 방향을 결정하는 것인데, 이러한 사실은 우리가 그의 논증의 말에 귀 기울이면 그 즉시로 명백해진다. 그는 추론하기를, "모든 죄 있는 자들의 형벌에서는 불공정이 없는 만큼 그 숫자에서 일부 죄 있는 자들의 형벌에 불공정이 있을 수 없다고 관습적으로 말해 왔다. 구원받는 자들은 하나님의 자비로 구원을 받고, 반면 버림받는 자들은 자기 죄로 사라진다. 이것은, 한 의사의 의술과 헌신적인 노력으로 구원받은 이러한 병약한 사람들이 자기의 생명의 빚을 의사에게 지고 있으며, 죽은 자들은 자기들의 질병으로 죽었다고 말할 수 있는 한 옳다. 그러나 이 경우에 의사가 죽은 자를 치료하여 살릴 수 있는 능력이 있었다는 것이 밝혀진다면 그 의사는 비난을 면치 못할 것이다. 그러므로 하나님의 사랑의 교리가 작용하지 않았다고 말하는 것은 불가능하다. 왜냐하면 칼빈주의 원리상, 남은 자를 대하신 동일한 모습으로 모든 자를 대할 수 있는 것이 하나님의 능력 안에 있기 때문이다. 불가항력적인 은혜의 원리 덕택에, 심지어 가장 악한 자도 구원할 수 있는 것이 하나님의 능력 안에 있으며, 그럼에도 불구하고 인류의 일부가 영벌에 회부된다면, 이는 하나님의 사랑이 완전한 것이 아니라는 가정 위에서만 설명될 수 있을 것이다. 왜냐하면 이러한 사랑은 전포괄적이며 끊임없는 사랑이 아니기 때문이다."

그렇다면 과연 하나님의 손이 능력의 부족과는 다른 어떤 것에 의해 모든 사람을 구원하는 것으로부터 거두어질 수 있다는 것은 상상도 할 수 없는 일이겠는가? 죄의 나쁜 행위에 대한 전체 문제와, 이 나쁜 행위에 대한 진노에 상응하는 하나님의 공의가 패터슨 박사의 추론에는 빠져 있다. 패터슨 박사가 표현한 대로, 경우가 실제로 그러했고, 단순한 고통(나쁜 행실과 상관없는) 중에 있는 사람들이 오직 하나님의 긍휼에 호소하면서 하나님의 마음 앞에 존재한다면, 하나님이 모든 사람을 구원하지 않은 사실은 설명될 수 없을 것이다. 모든 환자를 치료할 능력을 갖추었으면서도 제멋대로 환자들을 차별하고 그들 중 일부만을 보살피는 것을 만족하게 여기는 의사는 당연히 사람들을 버리는 결과(유기)를 초래할 것이다.

그러나 모든 사람의 죄를 해결할 능력을 가지고 있는 재판장이, 보다 높은 생각으로, 그들 모두를 석방하는 것으로부터 물러설 수는 없는 것인가? 가정된 경우에 의사가 왜 모든 사람들을 구원하지 않았는지 설명하지 못할 것이다. 반면, 재판장의 경우에는 이보다 어떻게 재판장이 어떤 사람이든 구원할 수 있는가에 그 놀라움이 있을 수 있다. 하나님의 사랑은 그 행사에 있어서 필연적으로 하나님의 의(義)의 통제하에 있다. 따라서 하나님이 할 수 있는 모든 능력을 모두 발휘하지 않았기 때문에 그의 사랑이 줄어들었다고 항변하는 것은, 결과적으로 하나님에게 도덕적인 속성이 있음을 부인하는 것이다.

그러므로 하나님의 은혜의 분배와 관련하여 제기된 수수께끼에 대한 진정한 해결책은, 알미니우스주의자들과 같이 하나님의 은혜의 전능하심을 부인하거나, 또는 우리의 신보편 구원론자들과 같이 하나님의 유기의 실존을 부인하는 형태로 추구되어서는 안되며, 하나님의 의에 대한 확신에서 추구되어야 하는 것이다. 이에 대해 옛 해답은 결국 충분한 해답이다. 그 해답은 곧, 하나님은 사랑 안에서 당신의 전 속성에게 동의를 얻어 구원할 수 있는 만큼만, 죄악된 혈통을 지닌 인간을 구원하신다는 것이다. 하나님 되심과 하나님에게 속한 모든 속성으로 인하여, 하나님은 옳지 않은 어떤 행위에 자신을 팔아넘기면서까지 당신의 형용할 수 없는 사랑을 허용하지 않으실 것이다. 그러므로 우리는 그를 찬양하고 신뢰하고 사랑하는 것이다. 왜냐하면 그는 부분적인 하나님이 아니며, 참되신 하나님에게 속하는 속성 중 모든 것이 아니라 일부만을 여기저기 소유한 어떤 하나님이 아니며, 그는 하나님 전체이시며 철두 철미한 하나님, 곧 하나님이시며 하나님이시어야 하는 전체이신 것이다.

한편, 철저한 보편 구원설은 보편주의화된 개신교 전체에 의해 포함된 모든 죄인들의 실제적인 구원을 주장하지 않는다. 한 가지 이유로 성경이 너무나 분명하게 그 반대(보편 구원에 대한)를 표명하여, 이 유쾌한 꿈에 영합하는 것을 허용할 수 없기 때문이다. 즉, 성경은 분명하게, 모든 사람들이 구원받는 것이 아니며, 반대로 마지막 날에 구원받는 무리와 버림받는 무리의 두 부류가 있게 되며, 이들은 각기 자신에게 속한 영원한 운명으로 보내진다고 말씀하고 있는 것이다.

그러므로 보편주의화된 복음주의가 당면한 큰 문제는, 홀로 영혼을 구원하시는 하나님께서 모든 영혼의 구원을 원하시고 모든 사람들을 위해 똑같이 역사하시는데 어찌 모든 사람들이 구원받지 못하는가 하는 문제다. 이 문제를 해결하려는 시도들은 우리에게 복음주의적 루터교와 복음주의적 알미니우스주의로 알려진 교리의 해석을 제공했으며, 이 두 교파는 모두 공언하기를, 순수한 복음주의와 순수한 보편 구원주의를 종합하며 구원과 형벌에 대한 다른 논점을 제시한다고 한다. 이러한 두 교파가 이 문제를 계속해서 해결해 왔다는 것(솔직히 말하면, 이것은 해결될 수 없는 문제임)을 우리는 물론 믿을 수 없다.

그리고 이들이 제시하는 문제 중에 우격다짐으로 조정하려는 요소는 두 경우 모두 복음적인 요소인 것이다. 그럼에도 불구하고 두 교파가 하나의 해결책을 발견했다고 공언하고, 그러므로 이들의 공언에서 순수한 복음주의와, 구원하고자 하는 하나님의 사역에 있어서 완전한 보편 구원주의 모두를 강조하고 있다는 것은 솔직하게 인정되어야 한다. 이 점에 대해 우리가 분명히 해야 할 필요가 있을 것이다. 그렇게 하는 가운데 우리는 우리의 관심을 보다 직접적으로 끌고 있는 제한된 사실들보다는, 이들의 큰 체제의 정신과 관점에 대해 보다 많은 어떤 것을 배울 수 있는 진술들을 채택해야 할 것이다.

얼마나 복음주의적인 확신이 깊이 새겨져 있는가는 복음주의적인 알미니우스주의에 대한 자각에서 알 수 있는데, 복음주의적인 알미니우스주의에 대해 우리는 비트(Joseph Agar Beet) 박사[67]의 이에 대한 교훈적인 선언으로부터 배울 수 있다. 이 선언은 비트 박사가 무조건적인 선택 교리를 열렬하게 반대하는 상황에서 나온다. 그는 말하기를, "한 세기 전에 유행했던 이 무서운 과오는 단지 중요한 복음 진리의 허풍, 곧 구원이 하나님께로 돌아온 최초의 시간부터 마지막 구원의 시간까지 전부 인간 안에서의 하나님의 사역이며, 세상이 세워지기 전에 하나님의 의도의 자비로운 성취라고 하는 허풍인 것이다"라고 하였다. "또한 이 무조건적 선택과 예정 교리를 부정하는 가운데, 우리는 최초의 선한 소망의 시간으로부터 마지막의 구원에 이르기까지 구원은 세상이 세워지기 전에 형성된 자비로운 신성한 목적의 성취라는 것을 상기해야 한다"라고 하였다. 이렇게 비트 박사는 무조건적 선택을 거부하는 가운데서도, 이 교리의 중심에 있다고 자신이 인식하고 있는 복음주의를 신중하게 보존하려 한다.

따라서 그는 웨슬레주의의 입장에서 정의된 복음주의를 우리에게 제시한다.

---

67. "The Homiletical Review," Feb., 1910, vol. lix, no. 2, p. 101.

모든 구원의 과정은 하나님으로부터 말미암은 것이며, 구원을 이루는 데 발휘된 모든 능력은 하나님의 능력이라는 사실이 옳은 것임이 판명된다. 지나가면서 우리를 만족시켜 주는 질문이 있다. 그것은 비트 박사가 무조건적 선택의 교리에서 복음주의를 분리시키기를 원하고 있는데, 참으로 이 복음주의가 그 교리로부터 분리될 수 있는가 하는 것이다. 그리고 우리를 만족시킬 수 있는 한가지 주목거리는 비트 박사 자신이 최소한 어떤 사람들의 마음속에는 두 요소(무조건적 선택과 복음주의)가 틀림없이 동행하고 있음을 인식하게 된다는 점이다. 그러나 지금 특별히 우리가 주목할 가치가 있는 것은 비트 박사가 웨슬레주의자로서 일반적인 복음주의의 가정을 증거하고 있다는 뚜렷한 사실이다. 그가 그의 모든 사고 안에서 이 가정에 정당성을 부여하느냐 안하느냐 하는 것은 물론 다른 문제다.

루터교 편에서도 복음주의 원리에 대한 자각은 마찬가지로 탁월하다. 참으로 복음주의적인 루터교는 복음주의를 자기 고유의 소유로 간주하기가 매우 쉬우며, 따라서 다른 사람들의 손에서 복음주의를 발견하면 상당히 놀랍게도 그것을 저버리기도 또한 쉽다. 《잔과 버거의 잡지》(*Zahn and Burger's Magazine*)[68]에 기고한 할러(A. J. Haller)는 다음과 같은 강한 어조로 스스로 표현한다. "구원은 인간 자신의 어떠한 행위의 수단으로 인간에 의해 획득되는 것이 아니고, 하나님의 은혜로써 그에게 주어지는 것이다. 따라서 나는 나 자신의 이성이나 능력으로 예수 그리스도 나의 주를 믿거나 그에게 나아올 수 없고, 반면 성령께서 나를 부르셨고, 나를 깨우치셨고, 깨끗하게 하셨고, 보존하셨던 것이다. 이것이 확실히 모든 복음주의적 신앙의 알파와 오메가이며, 이것은 심지어 칼빈주의자들 또는 감리교 신자들에 의해서도 부인되지 않는 사실이다." 이러한 순수한 복음주의적인 고백은 솔직하게 인정되어야 한다.

그러나 우리는 이 저자의 모든 사상을 조건부로 허락해야 할지 말아야 할지

---

68. *Neue Kirchliche Zeitschrift*, 1900, xi, p. 500.

의혹을 피할 수 없다. 우리가 중생에 대한 계속된 그의 말을 보고, 영적인 면에서 사제주의보다 덜 복음적이며, 참으로 이러한 양태의 사제주의를 언제나 수반하는 자연주의에 의해 영향을 받은 내용으로 중생에 대해 말하는 것을 볼 때, 그 의혹은 참으로 즉시 사실로 정당화된다. 할러는 중생은 독자적인 것(하나님의 독자적인 역사의 결과)이지만, 또한 그것은 발생하는 원인으로서 세례의 결과라고 확신한다. 그리고 그의 커다란 관심은 마술적인 사역의 혐의로부터 이 개념을 방어하는 데 있다. "만일 사람들이 중생 안에서 완전히 변모한 것을 유지하였더라면, 그래서 윤리적인 어떠한 자기 결단에 대한 계속된 요구가 이들에게 주어지지 않았더라면, 그것(중생)은 마술적이라고 불려질 수 있을 것이다. 그러나 절대적으로 새로운 능력은 하나님에 의해 그들 안에 창조되며, 이 절대적으로 새로운 능력의 구원하는 역사나 정죄하는 역사는 자신들의 후속적인 또는 동시적인 결단(Entscheidung)에 달려 있으며, 이것은 주의 만찬에서 그리스도의 몸과 피가 확실히 그리고 참으로 어떤 이들에게는 복으로 주어지고, 어떤 이들에게는 심판으로 주어지는 믿음만큼이나 마술과 거의 관계가 없는 것이다"라고 그는 말한다.[69]

이러한 문구는 자신의 공식적인 고백을 따르고자 하는 한 루터교인이 자신의 복음주의적인 공언에 영향을 끼치는 난점을 보여 준다. 영혼을 구원함에 있어서 발휘된 모든 능력이 하나님으로부터 말미암으나, 이것은 은혜의 수단으로써 은혜가 전달되고 그렇지 않으면 은혜가 전달되지 않는다는 사제주의적인 자신의 의식에 의해 교차되고 있다고 그는 선언하고 있는 듯하다. 예를 들면, 중생의 은혜는 통상적으로(혹은, 유일하게) 세례에 의해 전달된다. 그리고 이 중생의 은혜는 하나님의 독자적인 사역이다. 그러나 그렇다 하더라도 그 결과가 모두 하나님에 의한 결과라고 말할 수는 없다. 왜냐하면 먼저, 그 중생의 은혜가 온전히 결과를 취하느냐 아니냐는 받는 자의 태도에 달려 있기 때문이다. 그는 그 결과를 창출함에 있어서 하나님과 협력할 수는 없다. 그러나 치명적으로 거

---

69. p. 601.

부할 수는 있는 것이다.

그러므로 바이어(Baier)[70]는 조심스럽게 다음과 같이 정의한다. "하나님은 세례받고 하나님의 은혜를 거부하지 않는 사람 안에서 중생 또는 혁신의 역사를 일으키시되 성례를 통해, 바로 그 행위 자체 안에서(*hoc actu ipso*) 일으키신다." 그리고 다음 두번째로, 이 중생의 은사가 받는 자에게 복을 입증하느냐 아니면 저주를 입증하느냐는, 받는 자가 그 은사를 어떻게 취해서 사용하느냐에 달려 있다. 할러는 말하기를,[71] "절대적으로 새로운 능력은 하나님에 의해 그 안에서 창조되는데, 그 능력의 사역이 복으로 주어지느냐 아니면 저주로 주어지느냐는 그 주체의 후속적인 또는 심지어 현재 이미 작용하고 있는 결정에 달려 있다"라고 한다.

이러한 진술은 당연히 여기에 은폐되어 있는 사실, 즉 받는 자의 자기 결정은 자신의 본성적인 자기 결정이라는 사실을 수반한다. 왜냐하면 이 자기 결정 자체가 중생 안에서 전달된 새로운 능력 안에서 주어졌다면, 그것이 복 이외에 다른 어떠한 것으로 작용할 수 있다는 것은 생각할 수 없기 때문이다. 그러므로 사람이 구원받느냐 아니냐는 어떠한 의미에서든지 세례 안에서 하나님에 의해 주어진 독자적인 중생에 달려 있는 것이 아니다. 그것은 사람이 그에게 전달된 "새로운 능력"을 어떻게 받아들이고 어떻게 사용하느냐에 달려 있는 것이다. 따라서 우리는 지금 순수한 자연주의로 되돌아가고 있는 중이다.

웨슬레주의자와 루터주의자의 해석에서 생각한 복음주의가 과연 이론적이기 보다 실천적인 것인지[71a] 몹시 의심스럽다. 단 한 가지 우리가 인정해야만 하는

---

70. Schmid, p. 421.
71. As cited, p. 601.
71a. 이것은 J. W. Powell, "What Is a Christian?" 1915, pp. 144-145에서 흥미 있는 방법으로 증명된다. 근대주의-또는 그 자신이 표현한 대로 탕자의 비유에 대한 로마서-를 태동시킨 알미니우스주의를 포기하면서도 Powell 씨는 그러나 이전의 알미니우스주의자로서의 자신의 입장을 실제로 변경시키지 않았음을 안다. 알미니우스주

사실은 이들이 최소한 자신의 이론에 있어서 복음적인 원리를 가정한다는 사실이다.

그러나 이러한 해석의 특징적인 요지는 보편 구원론적이다. 이에 대해 보스턴 대학의 쉘던(Henry C. Sheldon) 교수는 다음과 같이 선언한다.[72] "우리의 논지는 영생에 대한 개인들의 배타적이고 무조건적인 선택에 반대하는 것으로서 구원의 기회의 보편성을 위한 것이다." 이 선언에서는 다음과 같은 사실이 주목되어야 한다. (1) 웨슬레주의의 특징적인 요지인 보편 구원설에 대한 의식적인 강조와 (2) 하나님이 모든 사람의 구원을 원하신다는 사실이 구원의 기회를 주는 것임을 의미한다는 계속적인 인식으로서 결과적으로 실제로 주장되는 것은, 하나님이 단지 일부만을 구원하지 않으신다는 것이 아니고, 반면 그가 실제로 아무도 구원하지 않으신다는 점이다. 즉, 그가 모든 사람들에게 구원의 길만을 열어 주고 있을 뿐이며, 그리고 어느 누구든 구원받는다면 이들은 스스로 구원해야만 한다는 점이다. 따라서 하나님께서 구원을 바라시고 행하시는 모든 것을 모두에게 똑같이 베푸시지만 모든 사람이 구원받지 못한다고 우리가 단정한다면, 하나님이 베푸시는 모든 것은 실제적인 구원에 못 미치는 것으로 여길 수밖에 없다는 사실이며, 아무도 최소한의 것을 받는 그 이상으로 받지 않는다는 것이다.

그런데 아마도 전체 알미니우스주의의 해석의 보편 구원론적인 요지의 본질로서 가장 강력한 주장은 복음주의적인 연합체, 소위 모리슨주의자(Morrisonians)의 신조 안에 들어 있는 것으로서, 이 신조가 존재하게 된 이유는 바로 선택의 무조건성을 반대하기 위함이었다. 이 단호한 신조는 "세 보편성"이라고 부르는 것으로 요약된다. 세 보편성이란 "첫째, 차별·예외·개별적인 각

의의 원죄와 보편적인 은혜는 순전히 이론적이었고, 실제적인 삶에 영향을 미치지 못했다 - "신약에 대한 문자적인 해석에 찬사를 보낸 신학적 조직." 그가 알미니우스주의를 포기하고 인간의 본질적인 선에 대한 이성적인 입장으로 나아가는 중에 잃어버린 모든 것은 "상당한 만큼의 모호한 신학적인 추론"이라고 그는 말한다.

72. "*System of Christian Doctrine*," 1903, p. 417.

자가 없이 모든 곳의 모든 사람들에게 예수를 선물하시고 희생시키시는 성부 하나님의 사랑, 둘째, 세상의 죄를 위한 참된 속죄로서 자신을 주시고 희생하신 성자 하나님의 사랑, 셋째, 하나님의 은혜의 풍성함을 당신의 인격적이고도 계속적인 사역으로 모든 사람들의 영혼에 적용하는 성령 하나님의 사랑"[73]이다.

분명히 하나님이 모든 사람들을 똑같이 사랑하시고, 성자께서 모든 사람의 죄를 위해 똑같이 속죄하셨고, 성령께서 그 속죄의 은택을 모든 사람에게 똑같이 적용하셨다고 선포할 수 있다면, 유일하게 남아 있는 것은, 하나님께서 죄인을 위해 하실 수 있는 모든 사역은 그 죄인을 구원하는 데 쓸모가 없으며, 틀림없이 죄인 자신이 자신을 구원하도록 방치되어 있다고 주장하는 일뿐이다. 그렇다면 영혼을 구원하시는 이는 전능하신 은혜를 가진 주 하나님 한 분만이라고 큰 확신을 보였던 우리의 복음주의는 어디에 있는가?

모리슨파의 부흥에 대해 동정적으로 설명하는 한 역사가의 몇 가지 논평[74]은 하나님의 구원의 사역의 보편성을 강하게 주장한 진정한 기원에 대해 밝은 빛을 던져 준다. 그의 논평은 다음과 같다. "지금 우리의 주목을 끌고 있는 운동에 관하여, 그것이 그 시대의 순수한 소산이었다는 사실보다 진실한 사실은 아무 것도 없다. 지난 세기의 삼십 년 동안 우리 나라의 입법 기관들은 이전에 결코 누리지 못했던 인권을 인식하게 되었다. 정치적으로 특권의 오랜 밤이 지나가고 새 시대의 여명이 밝아오기 시작하고 있었다. 형제애, 평등, 그리고 공정한 플레이가 닫혀진 모든 문에서 크게 외쳐지고 있으며, 물러서기를 거부하고 있었다. 정치와는 아주 별개로, 기독교 신학의 이름으로 유사한 주장이 일어나고 있었다. 여기서도 또한 이것은 특권의 문들이 개방되기를 요구하였다. 모든 자를 위한 자유, 모든 자를 위한 양식, 모든 자를 위한 교육, 그리고 모든 자를 위한 구원이 지금 국가적인 표어가 되어가고 있었던 것이다."

---

73. H. F. Henderson, *"The Religious Controversies of Scotland,"* 1905, p. 187; 참고, W. B. Selbie, *"The Life of Andrew Martin,"* Fairbairn, 1914, p. 8.

74. H. F. Henderson, as cited, pp. 182, 183.

"세 보편성"에 대한 요구를 아주 예리하게 나타내는 구호들은 단순히 다른 사람의 삶의 소유와 동등한 소유의 분배를 주장하는 자연스런 외침으로서, 거의 채택될 수 없었다. 반면에, 다시 말해서 우리의 현대의 생활을 가득 채운 "평등한" 요구라는 종교적인 방향으로 채택되었던 것이다. "우리에게 동등한 기회를 달라"는 외침이 기존의 특권의 발 아래에서 사라져 가는 사람들의 궁핍을 표현한 것일 때, 그것은 현대의 삶의 상대적인 정당성을 가질 수 있는 것이다. 그러나 그 외침이 단지 정의의 법정을 습격한 죄인 무리의 난폭한 자기 주장일 때, 그리고 그 법정에서 당연한 형벌을 도피할 수 있는 기회가 아니라 수반되는 모든 권리를 고려하면서 지혜롭게 지시된 관대함이 베풀어질 때, 우리는 과연 그 외침에 대해 무어라고 말해야 할 것인가? 사람들이 그 당시의 평등한 정치 문제로부터 파생된 유추의 도움을 받아, 죄인을 구원으로 인도하심에 있어서 하나님의 고유의 사역에 대해 추론할 때, 죄에 대한 보응, 하나님의 공의로운 통치, 그리고 말로 할 수 없는 구원의 은혜가 모두 치명적으로 그들의 마음에 확실히 빠져 있다.

구원은 인간의 권리가 아니라는 사실을 우리들의 마음에 최종적으로 고정시켜야 하지 않을까? 즉, 자신이 구원받는 기회는 어떠한 사람에게나 구원의 기회가 아니며, 만일 죄악된 혈통의 어떤 사람이 구원받는다고 하면 그것은 틀림없이 인간이 주장할 권리가 없는 전능하신 은혜의 기적으로 말미암은 것이며, 이러한 것을 하나의 사실로 숙고하면서 그가 말로 형용할 수 없는 놀라운 하나님의 사랑에 대해 탄복하는 경배로 가득 채워질 수 있는 사고가 우리 마음에 고정되어야 하지 않을까? 모든 죄인들에게 자기들의 형벌을 피할 수 있는 "기회"가 주어져야 하며, 그리고 모든 죄인에게 "동등한 기회"가 주어져야 한다고 요구하는 것은, 단지 바로 공의의 개념을 조롱하는 것이며 아울러 사랑의 개념을 조롱하는 것 이외에 다른 것이 아니다.

구원을 원하시는 하나님의 모든 사역에 대한 보편주의는 알미니우스주의의 교리만큼이나 루터주의 교리에서도 강하게 주장되면서도, 가능하다면, 심지어 비논리적인 결과로, 즉 구원을 위해서는 오직 하나님 한 분만을 의지해야 한다는 복음주의적 원리가 보존되어야 한다는 전제 위에서 주장되는 것이다. 참으로 은혜의 수단이라는 교리 안에서 옛 교회로부터 루터주의에 계승된 사제주의의 누룩은 처음부터 심지어 루터주의의 보편 구원론의 순수성조차 약화시켰으며, 이것을 상당한 차이가 있는 차별로 변모시켰다. 그리고 이 누룩은 현대의 루터주의자들 사이에 매우 놀랄 만한 진보를 일으켰다.

옛 루터주의는 하나님의 체면 때문에 인간의 구원을 바라는 모든 사역을 모든 사람들에게 똑같이 베푸셔야만 했다고 단언하면서, 그러므로 그리스도는 전 세계의 죄를 도말하기 위해 죽으셨고, 아울러 모든 사람들에게 그리스도의 희생을 효과적으로 적용시키기 위해 은혜의 수단 안에서 세워진 성직과 이러한 은혜의 수단들은(특히 이들이 도달해 있는 복음의 선포에 대한 느낌을 가지고서) 실제로 모든 사람들에게 예외 없이 전달되었다고 주장하였다. 물론, 복음이 예외 없이 모든 사람들에게 실제로 선포되었다는 것은 사실상 옳지 않은 이야기다.

따라서 이 주장을 본질적으로 다른 제안으로 대체시킴으로써 이 주장의 허위를 은폐시키려 했는데, 그 다른 제안이란 역사적으로 세 단계에(말하자면, 아담 시대, 노아 시대, 사도 시대) 복음이 당시의 모든 사람들에게 알려졌고, "그리고 만일 이 세 세대에 복음이 보편적이었다면 그들의 후세들에게 복음이 간접적으로 전달되었을 것이다"라고 덧붙이는 사실이다. 사실상 복음이 지금까지 생존했던 모든 개인에게 실제로 전해지지 않았는데도, 그 상황을 감추려는 공연한 임시 방책(그리고 다름 아니라 바로 그 방책이 자신들의 주장의 요구를 충족시킬 수 있다는 것)은 너무나 명백하여 더 이상 지적할 필요조차 없다. 그리고 그것은 논쟁 자체가 되지 않았음을 우리는 당연한 것으로 받아들일 수 있다.

그 역사가(노르웨이 신학자, Lars Nielsen Dahle)는 계속해서 우리에게 말하기를,[75] "최근 우리 교회 내의 정통 신학자들은, 부르심의 보편성이 필연적

---

75. "Life After Death," pp. 184, 185.

인 전제이며 하나의 가정으로서, 곧 한편으로 하나님의 보편적인 구원 의지에 관한 성경의 근거 위에서 추정되어야 하며, 다른 한편으로는 이 구원 의지가 실제로 하나님의 부르심이 개인에게 이르지 않는 한 개인에게 실현될 수 없다는 성경 위에 세워진 진리의 근거 위에서 추정되어야 하는 필연적인 전제, 가정이라고 단순하게 말한다"라고 한다. 따라서 존슨(Johnson) 교수는 다음과 같이 기록한다.[76] "이 은혜의 부르심의 보편성은 우리가 부르심에 대한 모든 제한주의적인 견해에 반대하여 하나의 신앙의 가정으로서 주장하여야 하며, 심지어 부르심이 실제로 어떻게 모든 개인에게 이르는가를 보여 주지 못한다 할지라도 그리해야 한다." 결국 이것은 해결되지 않은 비밀이다.

그러므로 루터주의자들은 구원하는 은혜를 은혜의 수단과 연결시키고, 아울러 그 은혜가 실제로 보편적으로 확산되었음을 시도하는 가운데 이 시점에서 스스로 난제에 빠져들었다. 이 난제로 말미암아 웨슬레주의자들은 그리스도의 희생 사역의 보편성과 충족한 은혜의 계속적인 증여를 모든 지상적인 집행과 무관한 것으로 여기며, 이로써 사람들은 모두 구속과 은혜의 상태에서 태어나고 자유로운 존재가 된다. 현대 루터주의가 발견한 최종적인 해결책은 달레(Dahle) 스스로도 동감하는 견해인데, 이는 날조된 이야기로서, 인간의 시련이 오는 세상으로 확장되었다는 교리다. 이 유명한 교리가 "제2의 시련"이라는 이름으로 불려진 것은 잘못된 것이다.

왜냐하면 어떤 사람이 제2의 시련을 겪게 된다는 교리가 아니고, 살아 있는 모든 사람이 이생이 아니면 오는 생에서라도 그에게 매력적으로 주어진 복음을 소유해야만 한다는 교리이기 때문이다. 이 날조된 교리로 말미암아 루터주의자들은 처음으로 진정한 은혜의 보편주의를 제시하였다. 고백하건대, 이 교리에 대한 성경의 직접적인 증거는 없다. 이 교리는 단지 은혜를 은혜의 수단에 국한시키는 것과 관련되어 있는 하나님의 구원 의지의 보편성에 대한 가정인 것이다.

---

76. *Grundrids af den System. Theologi*, pp. 114, 115, (as cited by Dahle.)

성경은, 구원을 이루고 계신 예수 그리스도를 알지 못하고서는 아무도 구원 받을 수 없다고 가르친다. 이러한 진리가, 구원을 이루고 계신 그리스도에 대한 지식이 없어도 아무도 버림받을 수 없다는 반대 주장으로 바뀌어진 것이다. 그리고 이 제안을 도모하기 위해 성직이 세워지는데, 이 성직은 모든 사람으로 하여금 이 세상에서가 아니면 다음 세상에서라도 유리한 상황하에서 복음을 마주 대하도록 유도하기 위해 세워진 것이다. 루터주의의 전제가 유지되었더라면 의심의 여지 없이, 이러한 날조된 이야기는 필연적이었을 것이다. 그러나 이러한 전제들을 유지하기 위해서 그러한 날조된 이야기가 필요했다는 사실은 이 전제들이 포기되었음을 보여 주는 충분한 암시였다고 생각할 것이다.

이 날조된 이야기로 말미암아 사실상 구원을 위한 성직이 보편적이지 않다는 사실을 회피해 버린 루터주의자들은 자신들의 난점으로부터 결코 도피할 수는 없었다. 이들은 이들과 웨슬레주의자들에게 공통된 난점, 곧 모든 사람의 구원을 이루기 위해 지금 안전하게 모든 사람들에게 전달된 하나님의 은혜가 왜 실패했느냐 하는 문제를 설명해야 하는, 보다 더 큰 난점에 직면하였다. 그리고 여기에는 웨슬레주의자들의 방안, 말하자면 신용이 떨어진 자연주의를 몰래 들여오고, 은혜의 결과에 있어서의 차이를 은혜를 대하는 인간들의 차이에다 돌리는 방안 이외에는 출구가 없다.

하지만 루터주의자들은 자기 방식으로 이 자연주의를 소개한다. 이들은 죄 가운데 죽은 인간은 하나님의 은혜와 협력할 수 없음을 강조하는데, 이는 알미니우스주의가 모든 인간을 위한 능력이 은혜스럽게 회복되었고 그리스도의 희생으로 말미암아 그 능력이 획득되어 인간들에게 자동적으로 적용되었다는 가정으로써 극복한 난점이다. 그러나 루터주의자들은 가정한다. 즉, 인간은 죄 가운데서 죽어 있지만, 그는 계속해서 전능하신 은혜를 거절할 수 있다고 한다. 그러나 거절은 그 자체가 하나의 행동이다. 그리고 전능한 재창조적 능력을 계속해서 거절한다는 것은 죽은 자에게는 아주 상당한 행동이다. 그러므로 이러한 모든 제안은 펠라기우스주의의 입장으로 되돌아오는 것으로서, 펠라기우스주의는 결정적인 순간에 인간의 구원은 자신의 능력 안에 있으며, 인간 안에 있는 자연적인 차이에 따라 사람이 구원받기도 하고 구원받지 못하기도 한다고 주장했던 것이다. 따라서 하나님의 은혜는 근본적으로 부인되었고, 마지막 분석에서 구원은 인간 자신에게 위임되었다.

전체 문제의 결론을 말한다면, 하나님의 은혜로운 사역들을 보편적인 구원을 바라시는 것으로 해석하려는 시도는, 반드시 이런 저런 방법으로 그 원리의 기초 위에서 모든 개신교회들이(또는 달리 말한다면, 초자연주의적인 원리의 기초 위에서 모든 기독교회들이) 공공연히 연합하게 되는 복음주의적 원리의 파멸로 나아가게 된다는 것이다. 이 보편 구원설이 사제주의의 형태를 띠든지, 아니면 지상적인 집행과 전혀 얽히지 않고 자유하는 형태를 띠든지 간에, 이것은 항상 모든 곳에서 구원에 있어서 참으로 결정적인 요인이 하나님으로부터 인간에게 옮겨짐으로써 끝나 버린다.

이러한 사실이 항상 분명하게 인식되거나 솔직하게 인정받는 것은 아니다. 하지만 때때로 이러한 사실은 인식되거나 인정된다. 예를 들면, 덴버 대학의 스틸(W. F. Steele) 교수는 이러한 사실을 분명하게 인식하고 솔직하게 인정한다. 그에게 있어 "전능하신 은혜"에 대한 언급은 있을 수 없다. 헨리(W. E. Henley) 씨의 오만한 자연주의와 거의 분간할 수 없는 위치를 점하는(이론적으로 우리가 그것에 대해 무엇이라 말하든지 간에) 그의 신조의 첫 조항은 자신의 도덕적인 선택의 영역 안에서 인간의 전능성에 대한 강한 믿음이다. 그는 우리에게 말하기를,[77] "우리가 '나는 전능하신 아버지 하나님을 믿는다'고 말할 때, 그가 말하는 의미는 은혜 아래 있는 도덕적 선택의 영역 안에 국한되어, 인간을 자기 형상과 모양대로 지으신 하나님의 자기 한계에 따라서, 인간 자신은 전능하다는 뜻이다"라고 한다. 그는 계속해서 선포하기를, 하나님은 "나는 인간이 자신의 선택에 있어서 전능하다고 믿는다"는 내용으로 시작하는 신조를 갖고 있다고 한다.

---

77. "The Methodist Review," (N. Y.), for July, 1909.

이러한 분위기에서 분명히 인간은 신앙적인 존재, 곧 하나님을 절대 신뢰하는 의미를 가지는 바로 그 본질일 수 없고, 구원을 위해 오직 하나님 한 분만을 의지하는 신뢰 가운데 존재하는 복음주의로부터 온전히 차단된다. "오직 하나님께만 영광을"(*Gloria soli Deo*)이라는 진정한 구호가 마음 가운데 울리는 대신, 그는 교만하게 스스로 키를 장악하고, 스스로 하나님과 독립된 자기 자신이 운명의 주인이라고 선포한다. 도덕주의는 완전히 신앙을 몰아내었다. 루터는 자기 시대의 도덕주의자들을 풍자적으로 묘사하면서 "우리는 항상 상으로 돌아가 그 불쌍한 사람에게 자신의 선행을 베풀기를 원하면서, 우리 주 하나님으로부터 다소 그에 대한 대가를 받으려고 하는가?"[78]라고 말했는데, 그때에 루터는 정확히 위와 같은 사실을 염두에 두지 않았겠는가?

한편, 복음주의의 근본적인 가정 ─ 곧 영혼을 하나님과 직접적인 관계로 이끌며, 영혼의 모든 활력을 하나님의 직접적인 사역에 매어두는 가정 ─ 에 대해 사람들은 광범위하게 혐오를 느끼는데, 이러한 혐오의 마음으로 사람들은 리츨(Albrecht Ritschl)의 가르침에서 이상한 해설을 발견한다. 리츨의 가르침은 칭의의 직접적인 대상은 개인이 아니라 기독교 사회라는 것이다. 즉, "칭의는 단지 그리스도인의 교제에 참여하고 그 교제의 삶을 나눈 결과로 개인에게 전해지는 것이다"[79]라는 주장이다. 물론 이 주장 또한, 보편 구원론의 전체적인 해석의 원리에 대한 또 하나의 조잡한 형태의 주장인 것이다. 여기서 보편 구원론의 전체적인 해석을 다시 한 번 살펴본다면, 하나님은 구원하는 과정의 어떤 단계에서도 개인들을 직접 대하지 않고 항상 모든 곳에서 대중을 고려하시며, 따라서 이렇게 일반적 처분대로 되는 구원을 얻는 것은 개인 자신의 행위에 의한 개인의 몫이라는 사실이다.

---

78. Erlangen Edition of Works, xlix, p. 343.
79. W. P. Paterson, *as* cited, p. 375; referring to A. Ritschl, "Justification and Reconciliation," E. T., p. 130.

루터는 리츨의 견해와 얼마나 다른가! "이것 저것을 한다는 것은 당신에게 필요없는 짓이다. 단지 하나님께 영광을 돌리고, 하나님께서 당신에게 주시는 것을 취하라. 그리고 하나님께서 당신에게 말씀하시는 것을 믿으라."[80] 그 논점은 아주 근본적인 것이며 엄밀하게 설명된다. 우리를 구원하는 이는 주 하나님이신가 아니면 우리 자신인가? 그리고 주 하나님은 우리를 구원하시는가, 아니면 단지 구원으로 들어가는 길만을 열어 두고, 그리로 들어가느냐 아니냐는 우리의 선택에 두는가? 그 갈림길은 기독교와 자력 구원설 사이에 있는 오래된 갈림길인 것이다. 확실히 충분한 자각을 가지고 온전히 그리고 직접적으로 자신의 구원을 위해 하나님 한 분만을 의지하는 자만이 복음주의적이라고 주장할 수 있다.

---

[80]. Erlangen Edition of Works, xviii, p. 20.

5
칼빈주의

구원을 바라시는 하나님의 사역들을 보편 구원론적으로 생각하려는 시도들, 즉 하나님의 사역들은 집단으로의 인류에게 향한 것이라는 주장에 반대하며, 칼빈주의는 하나님의 구원의 사역들이 모든 경우에 구원받는 개인들을 향한 것이라고 주장한다. 따라서 구원의 진행에 있어서 제한 구원론은 칼빈주의의 증표다. 초자연주의가 기독교 전체의 증표이며, 복음주의가 개신교의 증표인 것처럼, 제한 구원론은 칼빈주의의 증표다. 칼빈주의자는 충분한 자각을 가지고, 주 하나님은 당신의 구원 사역에 있어서, 전체적으로 크게 인류를 대하지 않으시고, 구체적으로 실제로 구원받는 개인들을 대하신다고 주장하는 자다. 바로 이러한 이유만으로, 기독교 전체의 증표로서 모든 구원의 공을 하나님에게 돌리는 구원의 초자연주의, 또는 복음주의의 증표로서 구원을 영혼에 대한 하나님의 직접적인 사역에 돌리는 구원 은혜의 사역의 직접성은 자신의 권리가 되며, 당연히 칼빈주의에 일치하는 것이라고 칼빈주의자는 주장한다.

그는 주장하기를, 구원의 진행에 있어서 제한 구원론은, 이미 구원의 초자연주의와 하나님의 은혜로운 사역의 직접성 가운데 주어져 있다고 한다. 그리고 제한 구원론을 부정하는 것은 해석상 구원하는 은혜의 직접성, 곧 복음주의와 구원의 초자연주의, 곧 기독교 자체에 대한 부정이라고 주장한다. 논리적으로 이 부정은 기독교에 대한 총체적인 거부인 것이다. 그런데 이렇게 칼빈주의의 표지인 하나님의 구원 사역의 제한 구원론을 하나님의 사역에 대한 우리의 사고 안에서 상대적으로 하나님의 죄악된 피조물들에게(또는 대략적으로, 상대적으로 그의 피조물들에게라고 우리는 말해야 할 것임) 다소 충분히(또는 다소 식별력을 가지고라고 우리는 말해야 할 것임) 적용하는 것은 가능하다. 칼빈주의의 서로 다른 다양함은 사상사(思想史)에 나타났다. 이들은 하나님의 사역에 있어서 제한 구원론을 어느 자리에 두느냐에 따라 서로 구별되며, 아울러 하나님의 작정의 순서에 있어서 선택의 작정을 어느 자리에 두느냐에 따라 서로 구별된다.

이중 일부는 하나님이 당신의 피조물을 취급하시는 그 근저에서부터 차별을 두셨다고 할 만큼 제한 구원론에 열정적이다. 이들은 어떠한 피조물에 대해서건 하나님은 차별에만 관심이 있다고 가정한다. 그리고 하나님께서 당신의 피조물에 관해 작정하시는 모든 면에서 단지 그들 사이를 차별하실 수 있도록 작정하신다고 가정한다. 그러므로 이들은 사람들이 구분되게 되는 "선택"의 작정을 작정의 순서상 타락의 작정 이전에 둔다. 그러므로 이들은 사고의 순서에 있어서 선택의 작정을 타락의 작정 이전에 두는 자들이라는 의미의 **타락 전 선택론자들**(Supralapsarians)이라고 불려진다.[81]

---

81. 타락 전 선택설, 타락 후 선택설이라는 용어는 상대적으로 타락의 작정이 선택의 작정에 주어진 위치와 관계된다는 사실을 주목하는 것이 중요하다. 이 문제를 이해하지 못하는 역사가들 사이에서는 하나님의 전반적인 작정이 타락 이전에 이루어졌다고 주장하는 견해로써 타락 전 선택설을 정의하는 관습이 생겨났다. 따라서 *"The Christian Faith,"* E. T., 1912, p. 479에서 Th. Haring은 타락 전 선택설이라고 불려지는 이유에 대해서 말하기를, 그것이 "하나님의 의지로 하여금 최초의 인간의 타락을 포함하도록 하기 때문"이라고 한다. "하나님의 의지가 최초의 인간의 타락을 포함한다"고 하는 것은 의심할 여지 없이 어떠한 칼빈주의자(타락 전 선택론자, 타락 후 선택론자, 구속

한편, 다른 이들은 선택은 특별히 구원과 관계되어야 함을 인정하면서 (말하자면, 논리적으로 선행되는 것은 세상의 창조나 섭리적인 통치가 아니라 죄인의 구원이라는 것) 제한 구원론의 원리는, 차별이라는 의미에 있어서, 하나님의 우주적인 창조의 영역에 속하는 것이 아니라 구원론적인 영역에 속한다고 생각한다. 그러므로 이들은 "선택"이 창조나 타락보다 논리적으로 앞서는 것이 아니라, 구원과 관계되는 하나님의 사역들보다 논리적으로 앞서는 것으로 생각한다. 작정의 순서에 있어서 이들이 선택을 배치하는 자리는 인간의 구원에 대한 하나님의 작정 앞에 있다. 이것은 모든 사람들에게 똑같이 적용하는 창조와 타락의 작정에 뒤따르는 것으로서 앞뒤가 맞음을 시사한다. 왜냐하면 확실히 모든 사람들이 창조되었고 확실히 타락하였기 때문이며, 그리고 구속과 그 적용의 작정에 앞서서 확실히 모든 사람들은 구속되지 않았고 구원의 기쁨으로 인도되지 않았기 때문이다. 이들은 **타락 후 선택론자들**(Infralapsarians)이라고 불리는, 즉 논리적인 순서상으로 작정을 배치함에 있어서, 선택의 작정이 논리적으로 타락의 작정 뒤에 있는 것이라고 생각하는 사람들이다.

한편, 그리스도의 구속의 보편적인 관련에 대한 성경의 가르침에 영향을 받아 똑같이 보편적인 구원의 규정 안에서 구원의 보편적인 제공의 기초를 주장하기를 바라는 다른 이들이 있는데, 이들은 생각하기를, 제한 구원론적인 원리의 소개를 하나님의 구원의 사역들 안에 있는 한 시점 뒤로 안전하게 미룰 수 있다고 하며, 오직 이들은 제한 구원론적인 원리를 한 시점에서 소개함으로 말미암아 구원 사역의 실제적인 논점을 충분히 일찍이 결정하도록 하는 데 주의를 기울인다. 그러므로 이들은 그리스도 안에서의 구원의 제공이 그 의도에 있어서 보편적이라고 생각하지만, 성령이 개인들에게 단지 제한적으로 적용하는 주어진 결과로서 그것을 서술한다.

후 선택론자, 아미랄드주의자, 빠종주의자)의 입장도 아니다. 어떠한 유신론자도 그의 유신론에 있어서 이를 의심할 수는 없다.

말하자면, 사람들의 구원을 바라시는 하나님의 사역들 중 모든 것이 아니라 일부가 보편 구원론적인 성격을 띠며, 반면 이 구원의 사역들 중 일부가 아니고 모두가 작용하지 않는 한 구원은 실제로 경험되지 못한다고 이들은 주장하고 있다. 이들이 보편적 관련을 가지고 있는 것으로 여기는 제한된 구원 사역이 그리스도의 구속이므로, 이들의 주장은 사고의 순서에 있어서 선택의 작정의 자리를 그리스도의 구속의 작정 다음에 소개하는 것이라고 말할 수 있다. 그러므로 이들은 적절하게 **구속 후 선택론자들**(Post-redemptionists), 곧 선택의 작정이 논리상 구속의 작정 뒤로 미루어진다고 생각하는 자들이라고 불려질 수 있다. 이들의 관점에서 구속은 모든 인간들에게 동등한 관련을 가지며, 단지 이 구속이 사람들에게 적용되는 내용에 있어서만 하나님은 사람들을 구별하시고, 이러한 의미에서 제한 구원론적으로 행하신다.

이러한 주장은 작정의 순서상 가장 낮은 자리에 선택의 작정을 소개하면서도 제한 구원론의 원리를 온전히 보전할 수 있는 주장임이 분명하다. 만일 성령에 의한 그리스도의 구속의 적용 역시 보편적으로 된다면, 말하자면, 제한 구원론적인 원리가 구원 진행의 실제적인 결과 뒤로 미루어져 소개된다면, 그렇다면 구원을 바라시는 하나님의 사역들 안에는 분명히 제한주의가 존재하지 않는다. "선택"은 하나님의 모든 작정의 계획 안에서 떠난다. 다만 냉소적으로 표현되어 왔던 것처럼, 자기 자신의 자유 의지를 사용함으로써 스스로 선택하게 될 것이라고 하나님이 예견하신 자들만을 하나님이 구원하기로 정성껏 선택하신다는 식으로 말하기를 원한다면, 선택이 하나님의 작정 안에 존재할 수도 있겠지만 말이다. 그러므로 모든 칼빈주의자들은 틀림없이 타락 전 선택론자들이거나 타락 후 선택론자 아니면, 최소한 적용 전 선택설을 전제로 한 구속 후 선택론자들이다.

그럼에도 불구하고, 이러한 사고의 원칙적 관점으로부터 순수하게 생각된 구속 후 선택론자들 안에서는 칼빈주의자들의 가장 낮은 가능성 또는 가장 낮은 실제성의 범주에도 이르지 못한다. 구속 후 선택론자들은 자기네 가운데서도 의견을 달리할 수 있다. 비록, 작정의 순서에 있어서 선택 작정의 위치 면에서는 달리할 수 있다 할지라도(왜냐하면 작정의 순서에 있어서 그 위치를 더욱 뒤로 미루는 것은 제한 구원론의 전체 원리를 망치는 것이고 칼빈주의자들의 범주에서 밖으로 떨어지는 것이기 때문임), 선택 작정의 지배하에 구속을 적용하는 성령 사역의 본질을 생각하는 양태에 있어서, 그리고 구속을 받아들이는 인간 영혼의 임무에 대해 생각하는 양태에 있어서 서로 다른 의견을 가질 수 있는 것이다.

심지어 칼빈주의자들 가운데서도 인간 의지의 자율에 크게 관심을 가진 분파가 존재하여 왔다. 이들은 우리가 중생이라고 부르는 하나님의 구원에 관련하여 인간 의지를 "수동적"인 것으로 생각하기를 꺼리며, 구원 얻음을 그 의지 자체의 확고한 행위에 참으로 의존한 것으로 간주하기를 열렬히 원했다. 그러므로 이들은 칼빈주의의 변형을 꾸며 냈는데, 그것은 그리스도에게 인도되어 구원받을 사람들을 선택한 이는 참으로 하나님이시며, 그리고 오류 없이 자신의 은혜로써 그리스도에게 인도하시는 이는 성령이심을 가정하지만(이렇게 하여 구원의 적용에 있어서 제한 구원론의 원리가 보존됨), 한편으로 성령이 이들을 그리스도에게로 효과적으로 인도하심에 있어서 이들 영혼에 대한 전능하시고 창조적인 사역으로써 인도하는 것이 아니고, 또 계속해서 그러한 사역으로 기능하면서 이들을 새로운 피조물로 만드는 것이 아니라, 순전히 권고의 사역으로 인도하신다고 상상하는데, 그 권고의 사역은 성령의 무오한 지혜 가운데서 구원하기로 선택한 자들의 마음 상태에 적합한 사역이며, 이들 자신의 자유로운 행위, 곧 자발적으로 그리스도에게 나아옴과 구원을 위해 그리스도를 붙드는 행위로 말미암아 확보하는 사역이라는 것이다.

여기에는 보편 구원론이 없고 제한 구원론이 뚜렷하다. 그러나 사람들이 자발적으로 그리스도에게 나아오며, 자신의 갱신되지 않은 의지의 자유로운 행위로 그와 연합되나, 단지 이들이 확실히 자신의 자유 의지를 발휘하는 가운데 나아오도록 (그 마음을 속속들이 아시는 하나님이) 설득하기로 선택한 자들만이 나아온다고 말하기 위한 수단이 모색되었다. 이러한 사고의 유형은 적절한 이름인 "일치주의"(Congruism)를 받아들였다. 왜냐하면 이러한 사고의 원리는 은혜가 일치되게(적합하게) 베풀어짐으로써 사람들을 설득한다는 것인데, 이는 다시 말해서, 어떤 사람은 구원받고 어떤 사람은 구원받지 못하는 이유는 성령 하나님께서 어떤 사람에게는 은혜로운 설득을 행사하시되 저들이 복음에 애착을 가지도록 하기 위해 주의 깊게 그리고 무오하게 응하는 방식으로써 행사하시나, 다른 사람들에게는 그와 같이 주의 깊은 방식으로 행사하지 않은 데 있다는 주장이다.

그러나 여기서 하나의 경고가 주어져야 하는데, 그것은 "일치주의자들"이라는 칭호가, 이 칭호를 가지는 또 다른 분파가 존재한다고 할 정도로 모호하다는 사실에 관한 것이다. 이 칭호를 가지는 다른 분파란, 우리가 생각하고 있는 것들이 의도적으로 이들의 개념에 있어서 칼빈주의적인 것 못지않게 확실히 반(反)칼빈주의적인 자들이다. 이들의 가르침은, 성령 하나님께서 모든 사람들을 차별하지 않고 똑같이 당신의 설득적인 감화력을 주시지만 이 보편적으로 주어진 성령의 은혜는 단지 동등하게 주어지는 자들의 마음의 상태에 실제로 일치하느냐 아니면 일치하지 않느냐에 따라 결과가 달라진다는 주장이다. 여기서 구원을 결정하는 것은 하나님의 주권적인 선택이 아니라 인간 안에 있는 본성의 차이다. 이것은 지금 뚜렷하게 자력 구원론적인 입장 위에 있는 것이다.

칼빈주의적 "일치주의자들"과 이보다 더 큰 규모로서 확실히 반칼빈주의적 일치주의자들 사이에 혼동될 위험으로 인해, 칼빈주의적 일치주의자들을 이들의 가장 유명한 대표자(참으로 이런 사고의 유형을 칼빈주의 교회에 소개한 인물)의 이름으로 말하게 되는 습관이 생겼다. 그 이름은 17세기 중엽 프랑스의 슈무르(Saumur) 신학교 신학부 교수인 빠종(Claude Pajon)이다. 개혁 교회 안에서 처음으로 구속 후 선택설의 교리를 공식화한 사람은 같은 학파 내의 빠종의 선배이자 스승이었던 아미로(Moses Amyraut)였으며, 빠종주의는 그것의 저급한 형태다. 이렇게 하여 슈무르 학파는 그 교수들의 이름으로부터 현재의 명칭, 곧 가장 쇠약한 칼빈주의의 유형인 아미랄드주의(또는 이외에 가정적 보편 구원론이라고 불림)와 빠종주의(또는 그 성격에 따라 일치주의라고 칭해짐)를 초래했다는 악명을 가지게 되었다.

이와같이 하여 우리는 칼빈주의의 네 가지 유형을 우리 앞에 소개했다. 우리가 믿는 바, 이러한 유형들은 가능한 모든 전형을 망라하고 있다. 그 모든 전형이란 **타락 전 선택설, 타락 후 선택설, 구속 후 선택설**(이외에 아미랄드주의 (Amyraldianism), 또는 가정적 보편 구원론이라고 불림), 그리고 **빠종주의** (이외에 일치주의라고 불림)이다. 이들은 칼빈주의의 모든 유형들이다. 왜냐하면 이 유형들은 구원의 문제에 있어서, 인간에 대한 하나님의 사역을 주도하는 것으로서 제한 구원론적 원리를 인정하기 때문이다. 우리가 아는 바와 같이, 칼빈주의의 표지는 제한 구원론인 것이다. 이제 제한 구원론이 칼빈주의의 표지일 뿐 아니라 칼빈주의의 본질이었다고 한다면, 칼빈주의의 이 네 유형 모두는 유사하게 칼빈주의적일 뿐 아니라 동등하게 칼빈주의적이라고 요구할 수 있으며, 아울러 칼빈주의에 대한 각자의 해석에 있어서 각자가 허락한 입장과 그에 대한 강조에 따라 탁월한 순서에 배치되도록 요구할 수 있을 것이다.

제한 구원론은 물론 칼빈주의의 특징적인 표지이며, 이 표지로 말미암아 우리는 칼빈주의가 지금껏 비교해 본 구원의 계획에 대한 다른 개념들과 반대되는 것임을 증명할 수 있다. 그러나 제한 구원론은 칼빈주의의 본질을 구성하는 것은 아니다. 그리고 참으로 제한 구원론은 칼빈주의에 의해 끊임없이 주장되었지만, 오직 전적으로 그 자체만을 위하여 주장된 것은 아니다. 그러므로 제한 구원론의 가장 철저한 구현은 반드시 칼빈주의의 최선의 유형은 아니다. 그리고 제한 구원론이 지금까지는 하나의 칼빈주의를 구성한 듯하지만, 제한 구원론의 원리에 대한 노골적인 주장이 반드시 훌륭한 칼빈주의를 구성하는 것은 아니다. 인간의 구원을 바라시는 하나님의 사역에 있어서 제한 구원론의 원리를 인정하지 않는 자는 아무도 칼빈주의자라고 할 수 없다. 그러나 제한 구원론의 원리가, 마치 바로의 여윈 소가 애굽의 모든 살진 가축을 삼켜 버렸듯이, 칼빈주의의 풍요롭고 훌륭한 모든 것들을 삼켜 버렸다고 말해서도 안되며, 아울러 제한 구원론에 대한 노골적인 주장이 적절한 칼빈주의로 인정되어서도 안된다.

이러한 점에서, **구속 후 선택설**(이는 제한 구원론의 원리를 인정하므로 칼빈주의의 인정받는 유형이지만)은 칼빈주의의 반드시 훌륭한 유형은 아니며, 또한 환영할 만한 유형이나 심지어 보존해야 할 유형도 아니다. 그 한 가지 이유로, 구속 후 선택설은 논리적으로 일관성 없는 칼빈주의의 유형이며, 따라서 불안정한 유형이다. 또 다른 중요한 이유로, 구속 후 선택설은 대속을 거절한다. 대속은 제한 구원론 못지않게 칼빈주의에게 귀한 것이며, 칼빈주의자가 제한 구원론을 많은 열심으로 옹호한 근거가 되는 것이다.

나는 감히, **구속 후 선택설은 논리적으로 일관성 없는 칼빈주의**라고 말한다. 그 이유로, 하나님께서 모든 사람에게 똑같이 동등하게 자기 아들을 죽도록 내어주셨으며, 동시에 하나님이 자기 아들을 죽도록 내어주셨을 때 그의 죽음이 모든 사람들에게 똑같이 동등하게 유효하지 않을 것이고, 다만 그가 그 죽음의 은혜를 받을 자로 선택하실(즉, 그는 하나님이시며 하나님의 작정에는 시간의 연속이 없기 때문에, 그가 이미 선택하신) 자들에게만 유효할 것임을 이미 충분히 작정하셨다는 주장이 어찌 가능한가? 그러나 하나님은 처음부터 한꺼번에 작정하신 모든 것을 아시고, 처음부터 한꺼번에 모든 것을 작정하시는 하나님이신 만큼, 하나님이 모든 사람들을 위해 똑같이 동등하게 자기 아들을 선물로 주시기로 작정하시고, 그와 동시에 그 선물이 실제로 모든 자들을 구원하지 않고 단지 아들이 자신을 내어주신 선택된 집단만을 구원하도록 작정하신다고 주장하는 것은 불가능하다. 한마디로, 아미랄드주의자들이 제시한 작정의 순서의 체계는 작정들 사이에서 상위와 하위의 연대적인 관계, 하나님을 제외시키는 가정을 암시하며, 이러한 암시는 단지 속죄의 본질을 변질시킴으로써만 회피될 수 있다. 그리하여 속죄의 본질이 이들에 의해 변질되고, 기독교는 그 중심부에 상처를 입었다.

아미랄드주의자들은 선택 교리에 대한 자신들의 고백의 순수함을 "오만하게 주목시키며", 자신들을 훌륭한 칼빈주의자들로 세우기 위한 것으로서 그에 대한 주목을 집중하기를 바란다. 그러나 이들의 체계의 진정한 중심점은 이들의 변질된 구속 교리로 바뀌며, 여기서 이들은 칼빈주의의 핵심을 친다. 터무니없는 조건적인 대속에서, 조건은 하나님에게는 조건이 아니므로 여러분이 하나님의 예지의 속성을 빈약하게 다루는 것만큼 하나님에게 조건을 수락한다면, 이들은 반드시 대속 전부를 거부할 것이다. 그리스도는 죄인의 형벌을 담당하고 그에게 영원한 생명을 취득해 주기 위해 죄인을 대신하여 죽으신 것이 아닌 듯하다. 그보다 그의 죽으심은, 죄인들의 구원을 가능하게 하고, 죄인들의 구원의 길을 열어 주고, 죄인들의 구원의 길에 있는 모든 장애물들을 제거하기 위한 것인 듯하다.

그러나 죄인들의 구원의 길에 있는 장애물이 이들의 죄 이외에 또 무엇이 있는가? 이 장애(이들의 죄)가 제거된다 할지라도 이들은 구원받지 못한다는 것인가? 그러므로 그리스도께서 제거했다고 말할 수 있는 어떤 다른 장애들이 꾸며졌고(왜냐하면 그는 죄의 장애는 제거했다고 말할 수 없기 때문에), 이에 따라 어떤 기능이 그에게 남을 수 있고, 어떤 종류의 영향이 그의 희생적인 죽음에 속하게 된다. 그리스도는 죄의 장애를 제거하지 않았다. 왜냐하면 그렇다면 그가 위해서 죽은 모든 자들은 구원을 받아야만 하며, 그에게는 어떤 사람만을 구원하는 것이 허용되지 않기 때문이다.

그러므로 우리는 그가 죄 이외에 하나님이 인간을 구원하는 것을 방해한 모든 것을 제거했다고 말해야 되겠다. 그래서 그는 하나님께 나아가는 길을 마련하였고, 안전하게 사람들을 구원하는 하나님의 도덕적인 통치로 나아갈 길을 마련하였다. 구속은 사람들의 이러한 구원을 위한 기초가 되지 않는다. 그것은 단지 하나님이 다른 근거 위에서 이들을 안전하게 구원하는 길을 열어 줄 뿐이다.

우리는 지금 정말로 구속의 통치 이론의 기초 위에 있다. 이 이론은 실제로 우리가 이러한 전제들 위에서 달성할 수 있는 최고 유형의 구속 교리다. 다시 말해서, 보편 구원론적인 내용이 관련될 정도로 구속의 모든 본질은 사라졌다.

바로 그러한 행위로써 골자가 **빠지는** 것은 구속을 보편화함으로 인한 피할 수 없는 결과임을 우리는 한눈에 인식할 수 있다. 만일 구속이 어떤 사람을 위해 아무 것도 하지 못하므로 그것이 모든 사람을 위해 할 수 있는 것이 없다면, 그것이 아무 사람도 구원하지 못하는 것은 자명하다. 왜냐하면 분명히 모든 사람이 구원받지는 않기 때문이다.

우리가 이 사이에서 선택해야 하는 것은 높은 가치의 구속인가 아니면 폭넓게 확장된 구속인가 하는 것이다. 이 둘은 병행할 수 없다. 자기 체제에 대한 개선으로써 스스로 표현하는 이 절충적인 체제에 대해 칼빈주의가 진정으로 반대하는 것은 이런 것이다. 이것은 구속의 고유한 가치를 희생시키고 구속을 보편화시킨다. 그리고 칼빈주의는 실제로 구원하는 참으로 대속적인 구속을 요구한다. 실제로 구원하는 참으로 대속적인 구속은 보편일 수 없다. 왜냐하면 모든 사람들이 구원받지 않는 것이 분명한데, 이는 구속의 완전함을 위하여 제한주의가 사고의 순서에 있어서 구속 이전에 구원의 진행 가운데로 들어갔다고 역설하기 때문이다.

아미랄드주의가 바람직하지 않은 칼빈주의인 만큼 **빠종주의**는 물론 훨씬 바람직하지 않은 사상이다. 칼빈주의를 존귀하게 하는 구속의 모든 본질("나를 사랑하시고 나를 위해 자신을 내어주신 이")을 파괴하는 것으로 만족하지 않고, 빠종주의는 더 나아가, 성령의 창조적인 사역으로 우리가 새로운 피조물이 되는 중생과 혁신의 전 본질조차도 파괴시킨다. 만일 주어지는 구원이 내가 스스로 행할 수 있는 것 이상으로 심오하지 못한 것이라면, 만일 내가 단지 스스로 행할 수 있도록 설득될 수 있다고 한다면, 구원받아야 할 자를 결정하는 이가 하나님이심을 고백한다는 사실이 무슨 가치가 있겠는가?

빠종주의에는, 죄책으로부터 구원할 뿐 아니라 죄의 부패와 힘으로부터 구원해 주는 은혜의 모든 공급이 결여되어 있다. 죄나 타락에 대한 어떠한 인식의 여지가 존재하지 않는다. 의로우신 하나님의 진노나 우리 마음에 새겨진 악으로부터 건져내 주는 구원은 여기에 없다. 결국 우리는 이전에 있었던 곳에 여전히 남아 있다. 우리에게 주어지는 전망은 오싹하게 하는 것일 뿐이다. 우리는 근본적으로 스스로 수행하도록 설득될 수 있는 우리의 자세의 개선만으로 단지 우리의 옛 자아로 영구히 남아 있어야만 한다.

기독교의 전 본질은 사라졌고, 그리고 우리는 천박한 유물이 참으로 하나님의 주권을 수호하고 있다고 하여 이를 순전한 칼빈주의로 인정하도록 유인되고 있다. 이제 하나님의 주권에 대한 완전한 인정이 훌륭한 칼빈주의자가 되기에 충분하지 않다는 사실을 최종적으로 이해하도록 하자. 그렇지 않다면, 우리는 모든 이슬람 교도를 훌륭한 칼빈주의자로 인정해야만 할 것이다. 물론 하나님의 주권을 열렬히 고백하지 않는 칼빈주의는 존재하지 않는다. 그러나 하나님의 주권에 대한 인식은 단지 진정한 칼빈주의로 나아가는 초보 단계일 뿐이다. 칼빈주의적 일치주의의 창시자 빼종 자신은 자신의 근본적인 사고를 진행시켰으나 자연신론의 범주를 거의 벗어나지 못했다.

여기서 특별히 이러한 사실들을 분명히 규명할 가치가 있을 듯하다. 왜냐하면 주권 교리가 수호하는 구체적인 유익을 고려하지 않고 단지 칼빈주의와 추상적인 주권 교리를 동일시하는 것보다 전반적으로 칼빈주의를 손상하는 것은 아마도 없기 때문이다. 사실상 칼빈주의가 주장하는 하나님의 주권은, 제한 구원론—이것이 없이는, 영혼과 그 영혼의 하나님 사이에 참된 종교적 관계가 존재할 수 없다—에 필연적으로 포함된 것일 뿐만 아니라, 또 하나님의 자비의 광대하심이 명시된 성경에 동등하게 선포된, 구속의 보완된 보편주의에 대한 필수 불가결한 보호 수단이다. 여기서 우리는, 제한 구원론과 구원에 있어서 인색한 것은 같은 개념이 아니며, 구원받는 자는 단지 소수라는 선포에서 핵심을 찾는 것으로 제한 구원론을 표현하는 것은 단순히 칼빈주의적 제한 구원론을 서투르게 모방한 것에 불과한 것임을 명심해야 한다.[82]

칼빈주의 체제에서의 제한 구원론의 입장은 하나님께서 개인의 영혼을 직접 대하신다는 사실이다. 그 반대로, 칼빈주의와 반대되는 입장은, 구원하는 사역에 있어서 하나님이 결코 직접적으로 개인과 접촉하지 않으시며—이 주장에 따르면, 개인을 구원하시는 개인의 하나님으로 결코 생각될 수 없다-하나님께서 구원하시기로 생각하는 사람들 전체, 즉 모든 사람을 대상으로 접촉하신다는 것이다. 이 반대 주장에서는, 개개의 영혼들을 대하심에 있어서 하나님께서 그의 구원의 은혜를 적게 가지고 찾아가시느냐, 아니면 우리의 상상 속에서 이 영혼들이 쉽게 모든 영혼들에게 확산될 정도로 많은 은혜를 가지고 찾아가시느냐는 문제도 되지 않는다.

하나님의 주권과 제한 구원론의 원리들이 서로 연관이 있는 한, 보편 구원론이란 용어의 가장 순수한 의미에 있어서, 즉 모든 개개인이 구원받아야 할 것임을 주장하는 그 순수한 입장에서는 칼빈주의자가 보편 구원론자가 되지 못할 이유가 없는 것이다. 사실상 일부 칼빈주의자들(여기서는 성경을 등한히 하기 쉬운)은 이 용어(보편 구원론)의 가장 순수한 의미에서 보편 구원론자들이었다. 칼빈주의적 제한 구원론의 논지는 하나님께서 죄악된 집단의 여기저기에서 단지 일부만을, 즉 불구덩이에서 건져진 소수만을 구원하신다는 것이 아니고, 사람들을 구원하시는 하나님의 방법이 전능하신 당신의 은혜 가운데 사람들에게 임함으로써, 이들을 자기 아들의 보혈로써 자신에게 사들이고, 당신의 영의 창조적인 사역으로 이들 존재의 깊은 중심에 방문하시고, 그리고 전능하신 하나님 그 자신이 이들을 구원하신다는 사실이다.

---

82. 따라서 소수만이 구원받는다는 사실을 하나의 교리로 세우려는 경향은 칼빈주의와 관계가 없으며, 단지 (예를 들면) 루터주의자들 가운데 두드러질 뿐이다. *Theologia Didactico-Polemica*, 1715, ii, p. 30에서 Quenstedt는 "선택"의 첫 특성을 "다수"의 "유기"에 대한 "소수"의 선택으로 간주한다. 그리고 *Loci Theologici* Ed. Cotta, 1781, xx, p. 518에서 John Gerhard는 무엇보다도 인간들 사이에서 단지 "소수"만이 "영생의 대상"이라고 선언한다. 보다 자세한 내용을 위해서는 "The Lutheran Church Review" for January, 1915에서 "Are there few to be saved?" 기사를 보라. 사제주의의 관점에 대한 암시에 대해서는, F. W. Farrar, "Eternal Hope," 1878, pp. 90ff., 그리고 "Mercy and Judgment," 1881, p. 137-155를 보라.

대표하는 측면에서의 온 인류에 이르기까지 얼마나 많은 사람들을 하나님이 사셨으며, 이들과의 인격적인 교제 안으로 스스로 들어가심으로써 자신과의 영원한 교제를 초래하실 것인가는 제한 구원론의 문제 밖에 있다고 나는 말한다. 이러한 의미에서의 보편 구원론(즉, 하나님의 직접적인 사역을 내포하는)과 제한 구원론은 상호간에 거의 불일치하는 것이 아니며, 논리적으로 이러한 부류의 보편 구원론자가 될 수 있는 자는 오직 제한 구원론자인 것이다.

여기서 덧붙일 필요가 있는 말이 있다. 즉, 복음의 참된 보편주의가 은혜의 참된 제한주의를 보존하는 데 있어서 중요한 역할을 가지는 만큼, 사실상 참된 보편주의를 보존하는 데 있어서(복음의 참된 보편주의가 있기 때문) 칼빈주의가 중요한 역할을 한다는 것이다. 초자연주의의 원리와 복음주의의 원리에 대한 동일한 강조(구원은 오직 하나님으로 말미암으며, 하나님은 자신의 은혜 안에서 직접 영혼을 대하신다는)는 칼빈주의자를 제한 구원론자로 만드는 동시에, 아울러 그 말(보편 구원론)의 성경적 의미에서 보편 구원론자로 만든다.

다시 말해서, 하나님의 주권은 세상의 구원에 대한 살아 있는 보증으로서 유일한 기초만을 두신다. 그러나 소위 말하는 보편 구원론적인 체제가 제시하는, 즉 구원의 보편성이 아니라 고작해야 구원의 기회라는 것의 보편성을 주장하는 그러한 보편 구원론은 거짓된 보편 구원론이다. 보편적인 구원의 기회(우리가 이러한 용어를 감히 사용한다면)가 모든 사람, 아니 많은 사람, 아니 참으로 어떤 사람만이라도 구원받을 것이라는 어떤 보증을 당신에게 줄 수 있단 말인가? 이 보편적인 구원의 기회는 이천 년 이후(예수님으로부터) 단지 구원에 대한 보증이 주어진 것으로 기대된, 처참할 정도로 소수의 사람들에 의해서만 이용되었을 뿐이다. 세상이 앞으로 수억 년 지속된다 할지라도 오늘날 우리 눈앞에 직면해 있는 상황, 즉 심지어 명목상으로라도 현재 기독교가 이룩한 상황―나는 단지 인류의 절반이라고 말하지 않고, 단지 기독교가 전파된 사회의 절반을 말한다―보다 조금이라도 더 온전하게 구원된 세상에 접근하리라고 믿을 만한 근거가 무엇인가?[83]

만일 당신이 당신의 눈을 들어 아득한 미래의 지평선을 바라보면서, 시간의 끝에서 희미하게 보이는 구원받은 세상을 보고자 한다면, 당신은 오직 한 가지 원리 안에서만 이 큰 환상에 대한 보증을 발견할 수 있을 터인데, 그 한 가지 원리란 사람들을 구원하시는 이는 오직 하나님 한 분뿐이시라는 원리, 이들의 모든 구원은 그로부터 말미암는다는 원리, 자신의 선한 때와 방법으로 하나님이 세상 전부를 인도하시되 단지 우리 영혼의 구주일 뿐 아니라 세상의 구주이신 우리의 흠모하는 사랑의 주님을 보내 주시기를 주저하지 않으셨던 자신의 발 아래로 인도하신다는 원리, 그리고 우리의 죄뿐만 아니라 세상의 죄까지 자신이 속하셨다고 스스로 선언하신 원리다.

이와같이 칼빈주의는 주 하나님이 나의 영혼의 구세주이심을 나에게 보증해 주는 제한 구원론의 수호자일 뿐 아니라, 아울러 하나님이 세상의 참되시고 실제적인 구세주이심을 확인시켜 주는 보편 구원론의 수호자인 것이다. 칼빈주의 이외에 다른 근거 위에서는 이 두 주의 중 어느 하나도 보증되지 못한다. 그러나 이 칼빈주의의 근거 위에서 우리가 확신할 수 있는 보증은 흠 없는 것으로서, 하나님이 당신의 구원의 은혜로 찾아가시는 개인은 반드시 구원받으리라는 보증일 뿐 아니라, 아울러 하나님께서 구원의 목적으로 임재하시는 세상이 하나님의 임재의 길이와 넓이 안에서 구원받으리라는 보증인 것이다.

---

83. 참고, what is said by R. A. Knox, "Some Loose Stones," 1913, pp. 111 sq. William Temple은 "Foundation"에서 인상적으로 말했다. "아마도 땅은 무수한 연수 동안 거주하지 못하게 될 것이다. 우리는 최초의 교회다." R. A. Knox는 이것에 대한 예외를 취하며(그럼에도 불구하고 참으로 충분한 듯한), 기독교가 그의 원수를 영구히 물리치리라는 제안에는 확실한 근거가 없다고 주장한다. 그는 "신학적으로 만일 자유 의지가 하나의 이름 이상이라고 한다면, 세상의 다수가 기독교 계시를 거부할 가능성이 틀림없이 열려 있는 것이 분명하다"고 주장한다. 만일 이 문제가 자유 의지에 달려 있다고 한다면, 앞으로 구원받은 세상이 존재하리라고 기대할 근거는 있을 수 없음이 분명하다.

그리스도의 구속이 가치 있게 고찰될 수 있다면, 이것은 마땅히 개인적으로 뿐만 아니라 구속의 사회적 관계, 그리고 그보다 더 나아가 구속의 우주적 관계에서 고찰되어야 할 것이다. 사람들이란 상호간에 고립된 단자들과 같이 서로 떨어져 서 있는 분리된 분자들이 아니다. 이들은 인류라는 한 유기체의 지체들이다. 그리고 이 인류는, 우주라고 의미 심장하게 일컫는 보다 큰 유기체에 속한 하나의 요소다. 그러므로 하나님의 마음속에 있는 구원의 계획은 단지 개인들과만 관계한다고 우리는 기대할 수 없다.

필연적으로 그것은 개인들이 요소들로서 포함되는 더 큰 연합체와 관련되어 있다. 그러므로 개인에 대한 사역과 작용의 양태 안에서 그리스도의 구속을 생각하였을 때 우리는 단지 부분적으로만 그리스도 안에서의 구속을 이해하여 온 것이다. 우리는 또한 그리스도의 구속이 인류라는 유기체 안에서 어떻게 작용하고 무엇을 작용하는지 물어야만 하고, 그것의 결과가 우주라는 더 큰 유기체 안에서 무엇인지 물어야만 한다.

예수 그리스도는 사람들을 구원하러 오셨으나 다른 모든 사람들과 관계없이 그 자신 안에서 전체로서의 사람들 각자를 구원하러 오신 것이 아니다. 사람들을 구원하심에 있어서 그는 인류를 구원하러 오신 것이었다. 그러므로 성경은 그가 세상을 구원하러 오셨다고 집요하게 말씀하며, 그에 따라 세상의 구주라는 위대한 칭호를 그에게 돌린다. 그리고 성경은 참으로 이에서 더 나아간다. 즉, 성경은 중단 없이 시야를 넓혀서, "하늘에 있는 것이나 땅에 있는 것이나 다 그리스도 안에서 통일되게 하는 것"이 하나님의 선하신 기쁨이었다고 선포하고 있는 것이다.

그러므로 우리가 개인을 구원하는 하나님의 사역의 양태에 우리의 관심을 제한하는 한, 그리고 그에 따라 우리가 제한 구원론이라고 부르는 것만을 고집하는 한, 우리는 구원의 계획에 대한 성경의 교리를 옳게 이해하지 못하였다. 우리가 구원의 전체 영역을 고찰할 수 있다면, 틀림없이 우리의 눈을 기쁘게 해줄 광대한 전망이 존재한다. 하나님이 자기의 독생자를 보내신 것은 그가 세상을 사랑하셨기 때문이었다. 예수 그리스도가 속죄를 이루신 것은 바로 세상의 죄를 위함이었다. 그가 구원하러 오신 것은 세상이었다. 그가 구원하실 대상은 바로 세상인 것이다.

여기서 우리가 기억해야 하는 중요한 것은 하나님의 계획이, 개인이든 세상이든, 진행 과정에 의해 구원한다는 사실이다. 의심할 여지 없이 개개의 죄인의 전 구원은 단지 차근차근히 그리고 때가 되어야 이 완수된 구원의 충만한 기쁨 안으로 들어간다. 그리스도에 의해 구속되고, 성령에 의해 중생되고, 믿음을 통해 의롭다 함을 받고, 하나님의 자녀들로서 하나님의 집으로 영접되고, 성령에 의해 꽃피우고 열매 맺는 새 생명으로 인도되는 우리의 구원은 여전히 진행 중에 있으며, 아직 완전하지 않은 것이다. 우리는 여전히 유혹의 먹이다. 우리는 여전히 죄 가운데에 빠진다. 우리는 여전히 질병, 슬픔, 죽음을 당한다.

우리의 구속된 몸들은 연약함 안에서 쇠하다가 무덤에서의 부패 가운데서 짜그라지는 것 이외에 아무 것도 소망할 수 없다. 우리의 구속된 영혼들은 오직 천천히 그들의 기업으로 돌아간다. 마지막 나팔이 울리고, 우리가 무덤에서 부활하고, 완전해진 영혼과 부패할 수 없는 몸이 하나님의 자녀들을 위해 예비된 영광 안으로 함께 들어올 때에야 비로소 우리의 구원은 완성되는 것이다.

세상의 구속도 유사하게 하나의 진행이다. 이것 역시 단계들을 가지며, 단지 점차적으로만 완성으로 나아간다. 그러나 세상의 구속 역시 궁극적으로 완성될 것이다. 그때에 우리는 온전히 구원받은 세상을 볼 것이다. 물론 단일체로서의 세상은 진행의 어느 단계에서든지 완전함에 미치지 못하여, 불완전하게 구원된 모습을 틀림없이 보이게 된다. 우리의 개인적인 구원의 완전함에 비해 오늘날 우리의 개인적인 구원의 불완전함(우리 안에 있는 죄의 잔재들, 우리의 몸의 연약함과 죽음)을 반대할 수 없음과 같이, 세상의 구원의 완전함에 비해 오늘날 세상의 구원의 불완전함을 반대할 수 없다.

모든 것은 그 자체의 질서 안에 있다. 첫째는 씨요, 그 다음은 잎이요, 그 다음은 이삭 안에 있는 완전한 곡식이다. 그리고 그리스도께서 오실 때, 우리 각자는 그와 같이 될 것이며, 우리가 그의 모습 그대로 볼 때, 우리도 그의 모습과 같이 보일 것이다. 또한 그리스도께서 오실 때, 세상은 완전히 구원받은 세상이 될 것이고, 그때에는 의가 거하는 새 하늘과 새 땅이 있을 것이다.

이 순간에 세상이 완전한 구속을 향해 지나가야 하는 단계들을 차례로 열거하는 것이 우리의 관심은 아니다. 그 진행이 얼마나 오래 갈 것인지 우리는 묻지 않는다. 그리고 세상의 완전한 구속을 초래할 방법을 탐구하지 않는다. 이런 것들은 종말론에 속하는 주제들이므로, 우리가 이들에 대한 약간의 암시만 하더라도 우리의 현재 일의 영역을 벗어나게 될 것이다. 지금 우리의 관심은 단지 세상이 완전하게 구원받을 것이라는 사실을 확신하는 것이다. 그리고 오랜 세월을 통해 개입된 세상의 불완전한 구원과 함께 많은 단계를 거친 긴 진행을 통하여 그 결과 성취되었다고 하는 사실이 사고하는 데 어려움이 없음을 확신하는 것이다.

수많은 세대를 통한 세상의 구원의 불완전함은 물론 세상이 구원을 향해 나아가는 긴 진행의 과정에서 나온 많은 영혼들의 파멸을 내포한다. 그러므로 세상의 구원에 대한 성경의 교리는 그 말에 대한 일반적인 의미에 있어서의 "보편구원론"은 아니다. 그것은 예외 없이 모든 사람들이 구원받는다는 것을 의미하지 않는다. 완전한 구원으로 세상이 나아가는 전 과정을 통하여 많은 사람들이 반드시 파멸하는데, 이는 마치 진행 중에 있는 개인의 구원이 불완전한 구원의 빈약한 모든 세월에 걸쳐 많은 경배가 그리스도에게 드려지지 못하는 것과 유사하다.

그러나 이 경우에서처럼 저 경우에서도 그 목적은 마지막에 달성된다. 이러한 사실은 성경이 개별적인 보편 구원론이 아니라 종말론적인 보편 구원론을 가르치고 있다고 말함으로써 아마도 설명될 수 있을 것이다. 그리스도께서 세상을 구원하러 오셨고, 그가 세상을 구원하시고, 세상은 그로 말미암아 구원받을 것이라는 성경의 말씀은 그리스도께서 인간을 구원하러 오신 것이 아니고, 인간을 구원하지 않으시며, 그로 말미암아 인간이 구원받지 못할 것임을 의미하는 것이 아니다.

이 말씀은 그리스도께서 인류를 구원하러 오셨고 또 구원하시며, 그리고 인류가 하나님에 의해 전체의 구원으로 인도된다는 것을 의미한다. 인류가 오랜 세월 계속되는 발전 가운데 마침내 완전한 구원에 이를 것이며, 그때에 우리의 눈은 구원받은 세상의 영광스러운 광경을 보고 기뻐할 것이다. 이리하여 인류는 창조된 본래의 목적을 달성하고, 죄가 하나님의 손에서 인류를 빼앗지 못한다. 그와 함께 하나님의 원래의 목적이 완성된다. 그리고 비록 타락했었지만 인류는 그리스도를 통하여 하나님께로 회복되며 본래의 운명을 성취한다.

이제, 이러한 정해진 목적으로 나아가는 인류의 발전이 우연의 문제이거나 그 자신의 불확실한 결정에 위임되었다고 우리는 상상할 수 없다. 만일 그러했다면, 어떠한 구원도 그 앞에 구원의 보증된 목표를 둘 수 없었을 것이다. 인류가 진행하는 목표는 하나님에 의해 설정된 것이다. 그리고 이 목표로 진행하는 모든 단계도 물론 하나님에 의해 결정되었다. 다시 말해서, 인류의 진행은 하나님이 결정한 목적으로 나아가도록 하나님이 결정한 진행이다.

참으로, 인류의 생의 모든 순간에서 모든 자세한 내용은 하나님이 결정하신 것이며, 하나님께서 결정하신 목적으로 나아가도록 하나님이 결정하신 진행의 단계다. 그리스도는 진실로 자신의 교회를 위해 만물의 머리가 되셨다. 그리고 그리스도의 교회에 닥치는 모든 것, 존재의 모든 순간에 그의 교회에게 있는 모든 것, 터무니없는 말로 한다면, 모든 "운명"은 그리스도의 교회가 지나가는 것으로서 그리스도에 의해 정해진 것이다. 교회가 완전의 목표로 나아가는 진행의 속도, 진행의 성격, 진행의 모든 단계를 통해 완전으로 인도되는 제한된 개인들, 이 모든 것은 하나님의 손 안에 있다.

간단히 말해서, 인류를 구원으로 계속해서 인도하는 이런 것들에 대한 하나님의 통치를 통해 위대한 목표가 드디어 달성되는 것이다. 물론 이렇게 말하는 것은 이미 선택과 유기를 말함이다. 그러므로 그리스도께서 자기 백성을 위해 죽으셨고, 그리고 그리스도께서 세상을 위해 죽으셨다고 말하는 데는 모순이 없다. 오늘 그리스도의 백성은 소수일 수 있다. 그러나 내일 세상은 그리스도의 백성이 될 것이다. 그러나 그리스도께서 모든 자에게 구원의 길을 열어 두시는 것이 아니고 실제로 자기 백성을 구원하시는 것이 아니라면, 구원된 세상이 언젠가 존재할 것이라고 믿을 만한 근거는 존재하지 않음을 우리는 정확히 고찰해야만 한다.

세상의 구원은 (개인의 구원과 마찬가지로) 주 그리스도 자신의 불가항력적인 능력 안에서 그의 유일한 사역이 되는 구원에 절대적으로 의존한다. 개인 구원이든 세상 구원이든, 구원을 믿을 보증을 가진 것은 칼빈주의자 하나뿐이다. 개인 구원과 세상 구원 모두는 온전히 하나님의 주권적인 은혜에 달려 있다.[84] 그 외에 다른 모든 근거는 무너지는 모래다.

---

84. 따라서 심지어 Th. Haring("The Christian Faith," E. T., 1913, p. 474)의 증거는 옳다. "확실히 도달되는 궁극적인 목표에 있어서 신앙이 세상과 개인의 마음에서 힘이 되어 온 것은 오직 살아 계신 하나님을 철저히 믿는 것뿐이다."

부록
칼빈주의 정의(定義)

1. 용어의 의미와 용례

칼빈주의는 여러 가지 의미를 가진 용어로서, 현재 두세 가지 의미로 사용되고 있다. 이 두세 가지 의미들은 밀접하게 관계되며 서로 아무 장애 없이 연결되지만, 의미의 한도는 다르다. 때때로 칼빈주의는 단지 존 칼빈의 개인적인 가르침을 뜻한다.

그런가 하면 때때로 칼빈주의는, 보다 넓은 의미로, 루터 교회와는 달리 역사적으로 "개혁 교회"라고 알려진, 또한 아주 일반적으로 "칼빈주의 교회"라고 불려진 – 왜냐하면 종교 개혁 시대에 자신의 신앙을 가장 훌륭한 교리 체계로 표현함으로써 모든 시대에 가장 큰 영향력을 발휘하게 한 장본인이 바로 존 칼빈이었기 때문에 – 개신교 교회들이 고백한 교리 체계를 뜻한다.

또한 보다 더 광의적으로, 칼빈주의는 칼빈주의의 기안자인 존 칼빈의 영향 하에서 종교 개혁 이후 시대의 개신교 지역에서 편만했고, 인류의 사고뿐만 아니라 인간의 생활사, 개혁된 사람들의 사회 질서, 그리고 심지어 국가들의 정치 조직에 영원한 발자취를 남긴 사상들, 곧 신학적·윤리적·철학적·사회적·정치적 사상들 전부를 뜻한다. 본 논설에서 이 용어는 분명한 이유 때문에 두번째 의미로 취급될 것이다. 다행히 이 두번째 의미는 칼빈주의의 핵심적 의미이기도 하다. 그러므로 이 의미에 치중하는 동안에 칼빈주의의 또 다른 의미들이 희박해질 위험은 거의 없다.

한편, 개혁 교회는 존 칼빈에 대해 언제나 자기들 교리 체계의 창시자라기보다는 해설자라고 생각했지만, 그럼에도 불구하고 존 칼빈은 개혁 교리의 창시자 중의 하나이며, 아울러 교리 체계를 형성하고 조직화한 재능 있는 특별한 인물로서 많은 사람들의 추종을 받았다. 그러므로 개혁 신학을 어떤 식으로 표현하더라도, 존 칼빈의 가르침은 언제나 높은 위치, 참으로 결정적인 위치를 점해야만 한다.

다른 한편으로, 칼빈은 하나의 기틀을 마련하였는 바, 그 기틀은 신학적 사고의 흐름을 가능하게 할 뿐 아니라 인간 생활의 큰 파동-인간의 마음을 새로운 이상과 개념으로 가득 차게 하고 이로써 생존의 조건을 개혁시킴-이 있게 한 것이었다. 그러나 그 기틀의 원천은 칼빈주의의 신학적 체계에 있으며, 또는 정확히 말해서 그(신학적 체계) 이면의 종교적 자각에 있는 것이었다. 왜냐하면 칼빈주의의 뿌리는 독특한 신앙적 입장에 뻗어 있기 때문이다. 그 입장에서 첫째 특별한 신학이 펼쳐지고, 한편으로 독특한 교회 조직이 나오고, 그 다음에 정치 제도를 포함한 사회 질서가 생겨났다. 이와같이 삶에 있어서 칼빈주의의 온전한 성취는 단지 칼빈주의의 근본적인 종교적 자각의 개화이며, 이 개화로 말미암아 칼빈주의의 신학적 체계에 대한 체계적인 진술을 발견하는 것이다.

2. 근본 원리

칼빈주의의 근본 원리에 대한 정확한 설명을 위해서 참으로 많은 사상가들이 지난 수백 년 동안 통찰력을 기울여 왔다(예를 들면, Ullmann, Semisch, Hagenbach, Ebrard, Herzog, Schweizer, Baur, Schneckenburger, Güder, Schenkel, Schöberlein, Stahl, Hundeshagen; 여러 견해들에 관한 토론을 위해서는 H. Voigt, "Fundamental-dogmatik," Gotha, 1874, pp. 397-480; W. Hastie, "The Theology of the Reformed Church in its Fundamental Principles," Edinburgh, 1904, pp. 129-177을 보라).

아마도 이에 대한 가장 간단한 설명이 가장 좋은 설명일 것이다. 즉, 그것은 하나님의 주권에 대한 심오한 이해이며, 하나님과 피조물, 특히 죄악된 피조물 사이에 유지되는 관계의 정확한 본질을 적절히 이해하는 것이다. 제한 없이 하나님을 믿고, 하나님이 자신의 모든 사고, 느낌, 의지에 있어서-모든 개인적·사회적·종교적 관계에서의 지적·도덕적·영적인 삶의 전 영역에서-하나님이 되실 것이라고 확신하며 그 원리들을 사고와 삶 가운데서 이루도록 하는 가장 완전한 도리를 실천하는 사람은 반드시 칼빈주의자다.

그러므로 칼빈주의에 있어서, 객관적으로 말하자면 유신론이 그 정당함이 되며, 주관적으로 말하자면 종교적 관계가 그 순수함에 이르는 것이다. 그리고 구원론적으로 말하자면, 복음적인 신앙이 충분히 칼빈주의에 대한 완전한 표현이며 견고한 토대다. 유신론은 단지 우주의 목적론적 개념에서만 칼빈주의의 정당함이 된다. 이 목적론적 개념은, 사건들의 전 과정에서 만물의 원인자, 보존자, 그리고 주관자이신 하나님의 계획이 질서 있게 성취된다는 사실을 인식하는 것이다. 그리고 하나님의 뜻이 결국 모든 것의 궁극적인 원인이 됨을 인식하는 것이다.

종교적 관계는 하나님을 절대적으로 의지하는 태도가 단지 실제에 있어서, 말하자면 기도로 일시적으로 취해질 뿐 아니라 지적·감정적·의지적인 모든 삶을 통해 유지될 때 비로소 성취된다. 그리고 복음적인 신앙은, 죄악된 인간이 겸손히 자신을 비우고, 효과적인 구원의 직접적이고 유일한 근거이신 은혜의 하나님을 온전히 의지할 때 견고해진다. 이러한 것들이 바로 칼빈주의의 명백한 원리들이다.

3. 다른 교리 체계들과의 관계

칼빈주의와 다른 형태의 유신론적 사고, 종교적 체험, 복음적 신학 사이의 차이는 종류의 차이가 아니라 정도의 차이다. 칼빈주의는 그와 함께 여러 가지 종류를 포함하고 있는 다른 주의들, 곧 칼빈주의와 동등한 존재의 권리를 가지고 각각의 종류를 따라 거의 완전에 가까운 주장을 하는 다른 주의들과는 반대의 입장을 취하는 특유의 다른 유신론, 종교, 복음주의가 아니다. 칼빈주의는 한 종류가 다른 종류들과 다른 것처럼 다른 주의들과 다른 것이 아니다.

반면, 완전히 발전된 예가 같은 종류이지만 불완전하게 발전된 예와 다른 것처럼 칼빈주의는 다른 주의들과 다른 것이다. 수많은 종류의 유신론, 종교, 복음주의가 있어서 사람들이 자유 자재로 개인적인 취향을 따라 그중에 하나를 택하거나 자신의 특별한 필요를 채울 수는 없는 것이며, 이 모든 것들이 동등한 가치로 각자 자신의 특별한 용도로 취해질 수는 없는 것이다. 단 한 종류의 유신론, 종교, 복음주의가 있을 뿐이다. 그리고 이러한 명칭들을 주장하는 여러 가지 교리 체계들은 서로 상대적인 종류로서 다른 것이 아니라, 단일한 종류의 다소 완전한 예이거나 다소 결함이 있는 예로서 다른 것이다.

칼빈주의는 스스로에 대해 보다 순전한 유신론, 종교, 복음주의, 곧 그렇지 못한 교리 체계를 능가하는 주의로 생각한다. 그러므로 칼빈주의는 진실로 유신론적 본질을 인식하고, 실제적인 모든 종교 활동에서의 종교적 특징을 인식하고, 참으로 복음적인 모든 신앙의 복음적 본질을 인식하는 데 어려움이 없다. 칼빈주의는 이러한 것들(유신론, 종교, 복음주의) 중 어떤 것에도 상반되는 것을 거부한다. 즉, 이러한 것들이 어느 부분에서 얼마나 불완전하게 드러난다 하더라도 이러한 것들의 완전함을 추구한다.

칼빈주의는 이것들이 자체적으로 출현하는 모든 경우에 이것들을 주장하며, 그리고 이것들이 사상과 삶에 있어서 바르게 자리잡을 수 있도록 길을 제시하려고 할 뿐이다. 하나님을 믿는 누구든지, 영혼의 깊은 곳에서 하나님에 대한 철저한 신뢰를 느끼는 누구든지, 구원에 대한 모든 사고 가운데서 "오직 하나님께만 영광을"이란 복음적인 고백의 울림을 마음속 깊은 곳에서 들을 수 있는 누구든지 – 그가 어떤 명칭으로 자신을 칭하든지, 또는 어떤 지적인 난제로 그의 논리적인 이해가 혼동되든지간에 – 칼빈주의는 이러한 사람을 은연 중의 칼빈주의자(implicitly a Calvinist)로 인식하며, 그리고 이러한 근본적인 원리들 – 참된 모든 종교의 근거가 되며 이를 구체화시키는 – 을 허락하도록 요구함으로써 이를 자유로이 그리고 온전하게 생각과 느낌과 행동 가운데서 성취할 때 공공연한 칼빈주의자(explicitly a Calvinist)가 된 것으로 인식한다.

4. 칼빈주의와 루터주의

괴벨(Max Goebel, "Die religiöse Eigenthümlichkeit der lutherischen und der reformirten Kirchen," Bonn, 1837)이 최초로 이 문제를 분명하게 제시한 이래로 칼빈주의의 근본적인 원리를 결정하는 관점에서 다소 강하게 행해진 많은 체계적인 토론이 칼빈주의를 다른 신학적인 사상, 흔히 같은 개신교의 사상인 루터교와 대조를 이루도록 하려고 했다는 것은 불행한 일이다. 의심할 여지 없이, 약간 다른 정신들이 칼빈주의와 루터주의를 지배하고 있다.

그리고 의심할 여지 없이 칼빈주의의 특징적인 정신은, 그보다 먼저 있었던 사상이나 유래의 이질적인 일부 상황 — 예를 들면, 쯔빙글리의 지성주의 경향이나 초인간적인 문화와, 쯔빙글리와 칼빈에 대한 편애, 또는 스위스의 민주적인 성향, 또는 루터주의자들의 단지 수정된 전통주의와는 구별되는 종교 개혁 지도자들의 급진적인 이성주의 — 에 뿌리 내린 것이 아니라 칼빈주의의 명백한 원리에 뿌리 내린 것이다. 그러나 각각의 개신교의 명백한 원리를 다른 형태의 개신교와의 차이에서 찾으려는 것은 오해를 불러일으킬 수 있다. 그리고 이들의 차이가(종종 행해지는 것처럼) 각기 예정론의 원리와 칭의의 원리를 온전히 구현시키려 한 데 있다고 생각하는 것만큼 오해를 불러일으키는 것도 없다.

예정론 교리는 칼빈주의를 생성케 한 원리가 아니며 칼빈주의가 나온 뿌리도 아니다. 예정론 교리는 칼빈주의가 필연적으로 도출한 논리적인 귀결 중 하나이며 가지 중 하나다. 칼빈주의자들은 예정론 교리를 확고히 수용하였고 철저하게 선포하였다. 그 이유는 예정론이 유신론의 함축된 사상이며, 종교적 양심 속에 직접 부여된 것이며, 복음적인 신앙에 있어서 절대적으로 필연적인 요소이기 때문이다. 이것이 없이는 칼빈주의의 핵심적인 진리, 곧 구원의 하나님의 거저 주시는 자비에 대한 온전한 신뢰가 유지될 수 없는 것이다.

그러나 예정론은 전체 종교 개혁 운동을 태동시키고 구체화시키고 힘을 부여할 정도로 개혁 신학의 한 특성은 아니었다. 종교 개혁은 영적인 관점에서 비롯된 거대한 종교의 부흥이었고, 교리적인 관점에서 비롯된 거대한 어거스틴 사상의 부흥이었다. 따라서 이러한 관점에서는 개혁자들 사이에 차이는 없었다. 루터와 멜랑크톤과 그 중간인 부처는 쯔빙글리와 칼빈 못지않게 절대적인 예정론을 열정적으로 지지했던 인물들이었다. 심지어 쯔빙글리라 하더라도 예정론을 예리하게 그리고 철저하게 주장했다는 점에서 루터를 능가할 수는 없었다. 그리고 개신교 신앙의 핵심들에 대한 체계적인 진술 가운데서 예정론을 배열한 장본인은 칼빈이 아니라 멜랑크톤이었다(참조, Schaff, "Creeds," i. 1877, p. 451; E. F. Karl Müller, "Symbolik," Erlangen and Leipzig, 1896, p. 75; C. J. Niemijer, "De Strijd over de Leer der Praedestinatie in de IXde Eeuw," Groningen, 1889, p. 21; H. Voigt, "Fundamentaldogmatik," Gotha, 1874, pp. 469-470).

이와 마찬가지로 이신득의 교리 역시 루터주의를 특징적으로 나타내는 것일 수 없다. 칭의의 교리는 애초부터 개혁주의 신앙에 있어서 본질적인 요소였을 뿐 아니라 믿음으로 말미암는 칭의의 교리가 되는 사회적 추세와 상관없이 개혁주의 신학에 있어서 유일하게 순수성을 유지하여 왔거나 또는 유지할 수 있는 것이다(참조, E. Böhl, "Von der Rechtfertigung durch den Glauben," Leipzig, 1890). 여기서 또다시 개신교의 두 형식 사이의 차이는 종류의 차이가 아니라 정도의 차이다(참조, C.P. Krauth, "The Conservative Reformation and its Theology," Philadelphia, 1872).

죄에 대한 예민한 의식의 산물인 루터주의는 죄짐에 눌린 영혼의 고뇌에서 태동했고, 따라서 이들의 고뇌는 하나님의 칭의의 작정 가운데서 평강을 발견하고 그 평강 안에서 쉬고서야 비로소 진정될 수 있었다. 반면, 하나님에 대한 경외의 산물인 칼빈주의는, 자신의 영광을 다른 존재에게 넘기지 않으시는 하나님의 주권을 마음속에서 숙고함으로 태동했고, 따라서 칼빈주의는 완전한 세계관, 곧 전능하신 주 하나님의 영광에 종속하게 되는 세계관과 관련하여 구원의 체계를 마련하고서야 비로소 안주할 수 있었다.

루터주의와 함께 칼빈주의는 실로 모든 질문 중 가장 예리한 질문, 곧 "내가 어떻게 하여야 구원받을 것인가?"라는 질문을 하며, 이에 루터주의의 대답과 같이 대답한다. 그러나 이에 가중하는 위대한 질문은, 어떻게 하나님이 영광을 받으실 것인가라는 것이다. 칼빈주의는 하나님을 향한 의지와 하나님의 영광을 위한 열심이며, 그 의지와 열심은 칼빈주의 안에서 감정과 노력을 이끌어 낸다. 다른 모든 존재와 마찬가지로 인간의 목적, 다른 모든 업적과 마찬가지로 구원의 목적은 칼빈주의에 있어서 만물의 주님의 영광이다. 칼빈주의에 있어서 구속의 계획과 구원의 체험에 대한 완전한 의는 하나님의 영광 안에서 성취된다. 왜냐하면 칼빈주의에 있어서 완전한 의는, 칼빈주의의 이러한 요소들의 근거가 되는 종교 그 자체에 대해서 이루어지기 때문이다. 칼빈주의의 시작과 핵심과 마지막은 하나님의 영광이다. 칼빈주의는 만물 앞에서 스스로 모든 생활의 영역 주권을 하나님께 돌린다.

5. 칼빈주의의 구원론

칼빈주의 사상의 이러한 근본적인 입장에서 초래되는 결과들 중 하나는 고도의 초자연주의로서, 이는 칼빈주의의 종교적 지각과 교리적 체계를 결정한다. 칼빈주의는 실로 첫째 창조와 아울러 둘째 창조에서와 같이 직접적으로 초자연적인 것을 인정하는 사상이라고 말하는 것은 옳은 정의다. 초자연적인 사실(하나님의 직접적인 사역으로 인한)에 대한 칼빈주의의 신앙의 강도와 순수성은 초자연적인 사역(기적)에 직면하여 당하는 모든 당혹함으로부터 칼빈주의를 구출해 낸다.

구원 사역에 속하는 모든 것에 있어서 칼빈주의는 칼빈주의의 첫째 원리의 강요를 받아 하나님 안에 그 출발점을 둔다. 하나님은 초자연적으로 계시로 인간에게 당신의 은혜로운 뜻과 목적을 알게 하셨고, 초자연적으로 베풀어진 책에 이 계시가 기록됨으로써 하나님은 당신의 계시를 영구히 베푸시고 확장하셨다. 이러한 사건들은 칼빈주의자에게 있어서 거의 과정의 문제들이다. 그리고 무엇보다도 칼빈주의자는 최대의 노력을 기울여서 실제적인 구속 사역의 직접적인 초자연성을 주장하는데, 이는 그 사역의 획득 못지않게 적용에서도 마찬가지다. 이와같이 일원론적 중생 교리—또는 고대의 신학자들은 이에 대해 "불가항력적인 은혜" 또는 "효과적 부르심"이라고 설명하였음 – 는 칼빈주의 구원론의 핵심이며, 예정 교리보다도 칼빈주의 체계 내에 깊이 새겨져 있는 교리이며, 예정 교리는 대중적으로 칼빈주의의 증서로 간주된다.

참으로 칼빈주의자에게 있어서 예정론의 구원론적인 의미는 일원론적인 중생, 곧 순수한 초자연적인 구원을 보호하는 안전 장치에 있는 것이다. 칼빈주의의 구원론의 핵심은 구원 사역의 시작에 있어서 피조물의 요인을 철저히 배격하는 것이며, 그리하여 하나님의 온전한 은혜가 크게 보이도록 하는 것이다. 이와 같이 칼빈주의자는 단지 죄인으로서 구원의 하나님의 거저 주시는 자비에 완전히 의지하는 자신의 느낌만을 말할 수 있을 뿐이며, 또는 신인 협력설의 악한 누룩을 빼어 내버리는 것일 뿐이다. 신인 협력설은 하나님에게서 영광을 빼앗아 버리는 것이며, 인간으로 하여금 – 실제로는 구원이 전적인 은혜로 말미암는 것임에도 불구하고 – 그 구원에 있어서 자신에게 어떤 능력, 선택권, 주도권, 참여함이 있는 것처럼 생각하게 만드는 것이다.

따라서 칼빈주의가 가장 강경하게 반대하는 것은 모든 형태와 정도의 자력 구원설이다. 무엇보다도 그의 아들 예수 그리스도 안에서 보내신 성령을 통하여 역사하시는 하나님은 우리의 참되신 구주로 인정되어야 할 것이다. 칼빈주의에 있어서 죄인은 자신을 구원하기 위하여 권유나 도움을 받을 필요가 없으며 단지 실제적인 구원을 받을 뿐이다. 그리고 예수 그리스도는 인간이 스스로를 구원하는 데 충고하거나 강요하거나 설득하거나 돕기 위해서 오신 것이 아니었고, 다만 인간을 구원하기 위해 오신 것이었다.

이러한 사실이 바로 칼빈주의 구원론의 뿌리다. 그리고 인간의 무익함에 대한 깊은 인식과, 하나님의 거저 주시는 은혜로 구원을 받음으로써 이 모든 것에 빚을 졌다는 심오한 인식이 칼빈주의의 구원론의 뿌리가 되기 때문에, 칼빈주의에 있어서 선택 교리는 복음의 핵심이 되는 것이다. 자신이 하나님을 선택한 것이 아니라 하나님이 자신을 선택하셨고, 구원의 모든 것은 이 하나님의 선택으로 말미암았다는 사실을 아는 그가 만일 자신의 구원을, 영광을, 헤아릴 수 없는 하나님의 선택의 사랑에 돌리지 않는다면, 그는 배은 망덕한 사람일 것이다.

6. 칼빈주의의 일관된 발전

역사적으로 개혁 신학은 그 기원을 쯔빙글리의 지도하에 스위스에서 시작된 종교 개혁 운동(1516년)에서 찾는다. 개혁 신학의 근본적인 원리들은 이미 쯔빙글리의 가르침 속에 있었다. 그러나 이 원리들이 최종적인 형태를 갖추고 또 조직적인 발전을 한 것은 칼빈의 심오하고 꿰뚫는 재능이 발휘되었을 때였다. 칼빈주의는 스위스에서 프랑스로 확산되었고, 그리고 라인 강을 따라 독일을 거쳐 네덜란드로, 동쪽으로는 보헤미아와 헝가리로, 서쪽으로는 해협을 건너 영국으로 확산되었다.

이같이 광대하게 많은 지역으로 확장되는 가운데 칼빈주의의 목소리는 많은 신조들을 만들어 냈다. 그리고 그 첫번째 신조가 작성된 이래로 사백여 년이 경과하는 동안에 거대한 분량의 교리 서적들 속에서 칼빈주의가 해설되었다. 칼빈주의는 자연히 자매인 루터주의보다 더 풍부하고 더 다양한 방면에서 발전되었다. 반면, 루터주의는 보다 제한되고 같은 환경 속에 묶여 있었다. 그러면서도 칼빈주의는 칼빈주의 특유의 본질을 유지하였고, 놀라운 지속성으로 칼빈주의 전 역사에 걸쳐서 근본적인 요점을 보존하였다. 개혁파의 신조들 가운데 어떤 것이 보다 칼빈의 개인적인 영향을 많이 받았고 어떤 것이 적게 받았는지 이를 구별하는 것은 가능하다.

그리고 이 신조들은 두 가지 큰 부류로 나뉜다. 즉, 알미니우스의 배도(약 1618년) 이전에 작성된 것 또는 이후에 작성된 것에 따라 나누어지며, 그리고 그 운동에 의해 제기된 반론에 대해 보다 예리한 정의를 한 것에 따라 나누어진다. 독일의 토양 위에서 기록된 신조들 중 소수의 신조들은 또한 루터주의의 개념의 영향을 받은 흔적을 보인다. 그리고 물론 개혁파에서 교리 체계의 모든 해설자들은 자기들이 해설한다고 공언한 신앙에 진실하였던 것만큼 다른 경우에서도 진실하였다. 그럼에도 불구하고 칼빈주의는 정확하게 역사적으로 중요한 모든 개혁 신조들 속에서 구현된 동일한 진리 체계다.

중요한 것은 그 문서가 쮜리히나 베른이나 제네바에서 나온 것이 아니며, 그것이 스위스의 제 2 신조와 같이 스위스에서의 칼빈주의 발전을 요약한 것이든, 아니면 프랑스의 전국 개혁 교회의 신앙을 알린 것이든, 아니면 스코틀랜드, 네덜란드, 팔츠, 헝가리, 폴란드, 보헤미아, 잉글랜드의 신앙을 알리는 것이든, 또는 도르트 신조(전체 개혁파가 이에 동의함)나 웨스트민스터 신조(영국의 청교도 전체가 동의함)나 스위스의 일치 신조(최근에 제의된 새로운 교리에 대한 스위스의 성숙한 판단을 보여 줌)와 같이 새로운 반론을 반박하여 공포된 개혁 교리를 다시 알리는 것이든 그것이 중요한 것은 아니다.

이러한 사 세기에 걸쳐 개혁 신앙을 해설하려 했던 수많은 저자들의 능력과 지식, 이해에 있어서 차이를 피할 수 없을 뿐 아니라 개인적인 관점의 차이를 피할 수 없다 할지라도, 개혁 교의학의 큰 흐름은 변하지 않은 채, 그 기원인 쯔빙글리와 칼빈에서부터 하류, 말하자면 찰머스(Chalmers)와 커닝햄(Cunningham)과 크로포드(Crawford), 하지(Hodge)와 톤웰(Thornwell)과 쉐드(Shedd)에 이르기까지 변화되지 않았다.

7. 다양한 형태의 칼빈주의

처음부터 개혁주의 가르침을 두 형태로 구분하려는 시도가 있었던 것이 사실이다. 그 두 형태는 칼빈의 특유의 가르침에 영향을 받아 발전한 보다 급진적인 형태와, 주로 독일에서 전파되었고 처음에는(Hofstede de Groot, Ebrard, Heppe) 멜랑크톤의 영향을 나타내는 것으로 평가되었으나 최근에는(Gooszen) 불링거(Bullinger)의 영향을 나타내는 것으로 평가된 보다 온건한 형태이다. 하지만 칼빈주의의 핵심에 있어서는 불링거와 칼빈, 독일과 스위스 사이에 차이가 없다.

하이델베르그 요리 문답은 의심할 여지 없이 요리 문답이지 신조는 아니다. 그러나 그 전제와 교훈에 있어서, 하이델베르그 요리 문답은 제네바 요리 문답이나 웨스트민스터 요리 문답과 마찬가지로 순전하게 칼빈주의적이다. 즉 교리의 본질이 소위 스콜라 학파(잔키우스[Zanchius. d. 1590]에게서 이미 표현되었고, 알스테드[d. 1638], 부티우스[d. 1676]와 같은 신학자들에게서 절정에 이름)를 결정한 방법의 특성이나, 소위 언약론자들(예를 들면, Cocceius, d. 1669, Burman, d. 1679, Wittsius, d. 1708; cf. Diestel, "Studien zur Föderaltheologie," in *Jahrbrücher für deutsche Theologie*, x. 1865, pp. 209-276; G. Vos, "De Verbondsleer in de Gereformeerde Theologie," Grand Rapids, 1891; W. Hastie, "The Theology of the Reformed Church," Edinburgh, 1904, pp. 189-210)과 같은 학파들에 의해 발전된 특별한 양태의 주장에 의해서 변질되지 않았다.

개혁주의 교리 체계의 근본적인 개념에서 최초로 심각하게 이탈한 경우는 17세기 초 알미니우스주의(Arminius, Uytenbogaert, Episcopius, Limborch, Curcellæus)가 출현한 때였다. 그러나 알미니우스주의는 전체 개혁주의 세계의 정죄하에 재빨리 배척되었다. 칼빈주의 교리를 반박한 알미니우스주의의 "항변파"의 다섯 가지 요점은 칼빈주의의 근본 교리들, 곧 무조건적 선택, 제한 속죄, 전적 타락, 불가항력적인 은혜, 그리고 성도의 견인(도르트 신경)을 재다짐함으로써 극복되었다.

칼빈주의의 교리 체계가 최초로 칼빈주의의 범주 내에서 중요한 변경을 한 것은 17세기 중엽 프랑스의 슈무르(Saumur) 학파의 교수들에 의해서였다. 그 명칭은 슈무르주의(Salmurianism), 또는 아미랄드주의(Amyraldism), 또는 가정적 보편주의였다(Cameron, d. 1625, Amyraut, d. 1664, Placæus, d. 1655, Testardus, d. *ca*. 1650). 이 변경된 칼빈주의 또한 당시 개혁 교회들의 정죄를 받았다. 즉, 이 교회들은 그리스도께서 자신의 피의 희생을 베푼 모든 자를 자신의 영으로 실제로 구원하신다는 교리의 중요성을 강조하고 재천명하였던 것이다(예를 들면, 웨스트민스터 신조, 스위스 일치 신조).

8. 타락 전 선택설과 타락 후 선택설

"칼빈주의의 변형들"이 의심할 여지 없이 자체 내에서의 중요성에 대해서는 상세히 설명할 수 있으나 교리 형태로 조직적으로 발전된 것은 거의 없다. 따라서 여기서는 세 가지의 변형들, 즉 타락 전 선택설과 타락 후 선택설, 그리고 아마도 구속 후 선택설이라고 말할 수 있는 변형을 말할 수 있을 것이다. 이들 모두는 (참으로 그 이름에 함축되어 있는 대로) 그 교리 체계를 주도하는 원리들에 대한 근본적인 합의점에서 출발한다. 이러한 교리 체계의 범주 내에 있는 다양한 사고의 경향들 사이의 차이점은 선택의 순서를 "하나님의 작정"의 논리적 순서에 있어서 각기 다르게 설정하는 것이다.

타락 전 선택설은, 선택이 타락의 작정에 우선한다고 주장하며, 타락의 작정을 선택의 작정을 이루기 위한 방편으로 생각한다. 그런가 하면, 타락 후 선택설은 선택이 타락의 작정을 전제한다(타락의 작정이 선택보다 우선함)고 생각하며, 따라서 일부 인간을 영생에 선택하는 데 있어서 하나님은 인류를 전적으로 타락한 존재로 유념하신다. 이러한 견해들간의 차이점의 범위는 종종, 아니 항시 전체적으로 과장되었다. 심지어 명망 있는 역사가들은 타락 후 선택설에 대해 타락이 하나님의 작정 속에서 한 위치를 차지하는 것에 대한 부정을 포함하거나 적어도 이를 인정하는 것으로 설명한다. 즉, 마치 선택이 작정의 순서에 있어서 타락의 작정 뒤에 설정될 수 있는 양 설명하는 한편, 어떤 성격이든 타락의 작정이 있었는지를 의심한다. 또는 하나님의 영원한 작정에 있어서 전제되는 타락을 고정시키는 행위 없이 하나님이 선택의 작정에 있어서 사람들을 타락한 존재로 생각한 것으로 설명한다.

실제로 칼빈주의자들 사이에서 하나님의 작정 가운데 타락을 포함시키는 것에 대해서는 이견이 없고, 있을 수도 없다. 타락이 하나님의 작정에 포함되는 것을 의심한다는 것은 스스로 칼빈주의의 근본적인 원리에 배치되는 것이다. 칼빈주의의 근본적인 원리는 발생하는 모든 것을 목적론적으로 생각하며, 실제로 일어나는 모든 것을 궁극적으로 하나님의 뜻에 돌리는 것이다.

9. 구속 후 선택설

따라서 구속 후 선택론자들(말하자면 슈무르주의자 또는 아미랄드주의자들)조차 이 점에서는 이견을 보이지 않는다. 이들의 차이점은, 선택이 사고의 순서에 있어서 타락의 작정과 아울러 구속의 작정 다음에 설정되었다고 주장하는 데 있다. 여기서 이들은 구속이라는 말을 그리스도에 의한 구속의 성취라는 협의의 의미로 해석한다. 이와같이 이들은 선택 작정에 있어서 하나님께서 인간을 타락한 자로써 뿐 아니라 이미 구속된 자로 생각했다고 주장한다. 이러한 주장은 수정된 구속의 교리를 내포하고 있으며, 이로부터 이들은 가정적 보편주의자라는 이름을 얻게 되었다.

이 가정적 보편주의란, 예외 없이 모두 믿는다는 것을 전제로 그리스도께서 모든 사람들의 죄를 속죄하기 위해 죽으셨으나, 하나님은 아무도 믿지 않을 것을 예견하시고 성령의 유효한 사역을 통해 믿음을 주실 일부를 택하셨다는 주장이다. 칼빈주의 역사에 있어서 구속 후 선택론자들이 호평을 얻지 못한 사실은 역사적인 신조들 중에 그에 해당하는 취급에 나타나 있다. 여기서 언급된 "칼빈주의의 변형들" 중 오직 구속 후 선택설만은 공식적인 신조에서 정죄의 대상이 되었다. 구속 후 선택설은, 그것이 제기된 후에 작성된 모든 개혁주의 신조에서 정죄를 당했다. 사실 타락 전 선택설에 기초한 신조는 없다. 하지만 많은 신조들은 타락 전 선택설과 타락 후 선택설을 완전히 일방적으로 구분하는 문제를 그대로 해결하지 않은 채 놔두고 각각에 대해 설명하는 것을 회피했다. 어떠한 것도 논쟁적으로 타락 전 선택설을 반대하지 않았다.

반면, 어떠한 신조도 타락 후 선택설을 반대하지 않았을 뿐 아니라, 상당수의 신조들은 명백하게 타락 후 선택설을 가르침으로써 이는 칼빈주의의 전형적인 형태로 출현했다. 이러한 신조의 정죄에도 불구하고 구속 후 선택설이 칼빈주의의 공인된 형태로 존속하였고, 칼빈주의 교회(특히 미국)에서 역사의 한 장을 장식한 사실은, 이것이 중요한 사항에 있어서 전형적인 칼빈주의에서 이탈하였음에도 불구하고 이후 이의 지지자들이 칼빈주의 교리 체계의 근본적인 원리들을 유지한 증거라고 해석할 수 있다.

그러나 구속 후 선택설이라고 거의 말할 수 없는 또 다른 형태의 구속 후 선택설이 있다. 19세기 말엽에 뉴잉글랜드의 회중 교회들 가운데서 유력하게 되었던(예를 들면, N. W. Taylor, d. 1858; C. G. Finney, d. 1895; E. A. Park, d. 1900) 이 견해는, 로마 교회의 "일치주의자들" 이후에 펠라기우스의 의지의 교리와 칼빈주의의 무조건적 선택 교리를 조화시키려고 시도하였다. 그 결과는 물론 칼빈주의의 "불가항력적 은혜"를 파멸시키는 것이었다. 그리고 또한 칼빈주의의 "그리스도의 대속" 교리가 그로티안(Grotian)주의 또는 구속의 통치 이론(governmental theory of atonement)에 의해 배제되었을 때, 겨우 명맥만 유지한 예정론을 제외하고는 칼빈주의는 거의 보존되지 않았다. 그러므로 이 "변질된 칼빈주의"가 허물어지고 새롭고 분명하게 반칼빈주의적 교리 체계에 빌미를 주었던 것은 이상한 일이 아니었다(Williston Walker, in *AJT*, April, 1906, pp. 204 *sqq*.).

10. 칼빈주의 현황

분명히 칼빈주의는 현재 크게 확장되고 있지 못한 형편이다. 확실히 미국에서 있었던 19세기 초반부의 논쟁들은 단지 서서히 후퇴하고 있는 칼빈주의 사상을 집약시켰다. 그리고 이 기간 동안에 교회에 덕을 끼친 위대한 신학자들의 영향은 지금도 느껴진다(특히 Charles Hodge, 1797-1878, Robert J. Breckinridge, 1800-1871, James H. Thornwell, 1812-1862, Henry B. Smith, 1815-1877, W. G. T. Shedd, 1820-1894, Robert L. Dabney, 1820-1898, Archibald Alexander Hodge, 1823-1886).

그리고 최근 네덜란드에서는 개혁주의 사상의 주목할 만한 부흥이 있었으며, 특히 자유 교회들의 지지자들 가운데 이러한 부흥이 두드러졌다. 자유 교회들의 영향력은 네덜란드의 영향력의 범위만큼이나 광대하게 느껴졌으며, 현재 이들의 대표적 인물은 개혁주의 최고의 전통에 어울리는 재능과 학식을 갖춘 신학자 카이퍼(Abraham Kuyper)와 바빙크(Herman Bavinck)다. 그러나 반면으로 "광의의 칼빈주의자들"이라 하더라도 이 당시에 불어권에 존재했을 가능성은 거의 없다. 독일어권과 동구 유럽에 있는 사람들은 콜브뤼게(Kohlbrügge)의 교훈에 영향을 받은 것으로 보인다. 심지어 스코틀랜드에서조차 커닝햄(William Cunningham)과 크로포드(Thomas J. Crawford) 시대 이후 칼빈주의는 엄격한 교리에서 현저히 쇠퇴하였다(참조, W. Hastie, "The Theology of the Reformed Church," Edinburgh, 1904, p. 228).

그럼에도 불구하고, 과거처럼 미래의 기독교는 칼빈주의의 번영과 단단히 묶여 있다고 주장될 수 있다. 칼빈주의에 의해 해석된 하나님 개념에 기초한 교리 체계에 대해 헤이스티(W. Hastie, "Theology as Science," Glasgow, 1899, pp. 97-98)는 인상적으로 말하기를, "이는 세계의 전 질서를 은혜 교리와의 합리적인 연합으로 이끄는 유일한 체계다……우리가 완전한 정복에 대한 소망을 가지고 우리 시대의 모든 영적인 위험과 공포에 맞설 수 있는 것은 오직 생생하게 설정된, 하나님에 대한 우주적인 개념을 가지는 것이다……그러나 칼빈주의는 세계의 창조자, 보존자, 주관자, 그리고 인격적이신 하나님의 공의와 사랑의 지지 가운데, 이들 모든 것들(영적인 위험과 공포)에 맞서 싸우기에 충분한 깊이와 충분한 넓이와 충분한 경건, 올바른 이해를 가지고 있다"고 하였다.

● **독자 여러분들께 알립니다!**

'CH북스'는 기존 **'크리스천다이제스트'**의 영문명 앞 2글자와
도서를 의미하는 **'북스'**를 결합한 출판사의 새로운 이름입니다.

칼빈주의시리즈 3

구원의 계획

1판 1쇄 발행 1991년 6월 8일
1판 중쇄 발행 2021년 5월 7일

발행인   박명곤
사업총괄   박지성
편집   채대광, 김준원, 박일귀, 이은빈, 백지선, 김수연
디자인   구경표, 한승주
마케팅   박연주, 유진선, 이호, 김수연
재무   김영은
펴낸곳   CH북스
출판등록   제406-1999-000038호
대표전화   070-4917-2074   팩스   031-944-9820
주소   경기도 파주시 회동길 37-20
홈페이지   www.hdjisung.com   이메일   main@hdjisung.com
제작처   영신사 월드페이퍼

ⓒ CH북스 1991

※ 이 책은 저작권법에 따라 보호받는 저작물이므로 무단 전재와 복제를 금합니다.
※ 잘못 만들어진 책은 구입하신 서점에서 교환해드립니다.
※ CH북스는 (주)현대지성의 기독교 출판 브랜드입니다.

"크리스천의 영적 성장을 돕는 고전"
세계기독교고전 목록

1 데이비드 브레이너드 생애와 일기 | 조나단 에드워즈 편집
2 그리스도를 본받아 | 토마스 아 켐피스
3 존 웨슬리의 일기 | 존 웨슬리
4 존 뉴턴 서한집 - 영적 도움을 위하여 | 존 뉴턴
5 성 프란체스코의 작은 꽃들
6 경건한 삶을 위한 부르심 | 윌리엄 로
7 기도의 삶 | 성 테레사
8 고백록 | 성 아우구스티누스
9 하나님의 사랑 | 성 버나드
10 회개하지 않은 자에게 보내는 경고 | 조셉 얼라인
11 하이델베르크 요리문답 해설 | 우르시누스
12 죄인의 괴수에게 넘치는 은혜 | 존 번연
13 하나님께 가까이 | 아브라함 카이퍼
14 기독교 강요(초판) | 존 칼빈
15 천로역정 | 존 번연
16 거룩한 전쟁 | 존 번연
17 하나님의 임재 연습 | 로렌스 형제
18 악인 씨의 삶과 죽음 | 존 번연
19 참된 목자(참 목자상) | 리처드 백스터
20 예수님이라면 어떻게 하실까 | 찰스 쉘던
21 거룩한 죽음 | 제레미 테일러
22 웨이크필드의 목사 | 올리버 골드스미스
23 그리스도인의 완전 | 프랑소아 페넬롱
24 경건한 열망 | 필립 슈페너
25 그리스도인의 행복한 삶의 비결 | 한나 스미스
26 하나님의 도성(신국론) | 성 아우구스티누스
27 겸손 | 앤드류 머레이
28 예수님처럼 | 앤드류 머레이
29 예수의 보혈의 능력 | 앤드류 머레이
30 그리스도의 영 | 앤드류 머레이
31 신학의 정수 | 윌리엄 에임스
32 실낙원 | 존 밀턴
33 기독교 교양 | 성 아우구스티누스
34 삼위일체론 | 성 아우구스티누스
35 루터 선집 | 마르틴 루터
36 성령, 위로부터 오는 능력 | 앨버트 심프슨
37 성도의 영원한 안식 | 리처드 백스터
38 웨스트민스터 소요리문답 해설 | 토마스 왓슨
39 신학총론(최종판) | 필립 멜란히톤
40 믿음의 확신 | 헤르만 바빙크
41 루터의 로마서 주석 | 마르틴 루터
42 놀라운 회심의 이야기 | 조나단 에드워즈
43 새뮤얼 러더퍼드의 편지 | 새뮤얼 러더퍼드
44-46 기독교 강요(최종판) 상·중·하 | 존 칼빈
47 인간의 영혼 안에 있는 하나님의 생명 | 헨리 스쿠걸
48 완전의 계단 | 월터 힐턴
49 루터의 탁상담화 | 마르틴 루터
50-51 그리스도인의 전신갑주 I, II | 윌리엄 거널
52 섭리의 신비 | 존 플라벨
53 회심으로의 초대 | 리처드 백스터
54 무릎으로 사는 그리스도인 | 무명의 그리스도인
55 할레스비의 기도 | 오 할레스비
56 스펄전의 전도 | 찰스 H. 스펄전
57 개혁교의학 개요(하나님의 큰 일) | 헤르만 바빙크
58 순종의 학교 | 앤드류 머레이
59 완전한 순종 | 앤드류 머레이
60 그리스도의 기도학교 | 앤드류 머레이
61 기도의 능력 | E. M. 바운즈
62 스펄전 구약설교노트 | 찰스 스펄전
63 스펄전 신약설교노트 | 찰스 스펄전
64 죄 죽이기 | 존 오웬